Francés

Falsos principiantes

Estelle Demontrond-Box

Adaptado al español por Belén Cabal

Acerca de este cuaderno

Con 200 ejercicios divididos en 20 capítulos, este libro te proporcionará la oportunidad de llevar a cabo una revisión sistemática y progresiva de las bases gramaticales del francés. Desde la pronunciación y el alfabeto franceses hasta el pretérito.

Este sencillo cuaderno de ejercicios se ha diseñado específicamente para falsos principiantes en francés. Incluye 200 entretenidos ejercicios (con sus soluciones) que siguen una progresión lógica. Podrás autoevaluar tu nivel al final de cada capítulo. Cubre todos los aspectos del idioma, incluida la gramática, el vocabulario, la sintaxis, la pronunciación y la acentuación.

Por último, este cuaderno te permitirá hacer tu propia evaluación: después de cada ejercicio, dibuja tus iconos (🙂 para la mayoría de respuestas correctas, 😐 para aproximadamente la mitad de respuestas correctas y 🙁 para menos de la mitad). Al final de cada capítulo, anota el número de iconos conseguidos en los ejercicios y, al final del libro, súmalos y apunta los iconos en la tabla que hemos preparado para este propósito.

Índice

1 Alfabeto y pronunciación

El alfabeto

La diferencia entre el alfabeto español y el francés es que las letras se pronuncian de manera diferente (y que el francés no tiene la letra «ñ», claro):

A a	G ye*	M em	S es	Y i grec
B be	H ash	N en	T te	Z zed
C se	I i	O o	U i cerrada	
D de	J yi*	P pe	V ve	
E e cerrada	K ka	Q ki (i cerrada)	W duble ve	
F ef	L el	R er	X iks	

* Con la pronunciación de la 'y' argentina.

Deletrea en voz alta las siguientes palabras en francés.

B-O-N-J-O-U-R *(hola)*	Q-U-E-S-T-I-O-N *(pregunta)*	G-E-N-T-I-L-L-E *(amable, fem.)*
C-H-A-I-S-E *(silla)*	F-L-E-U-R *(flor)*	W-A-G-O-N *(vagón)*
M-A-M-A-N *(mami)*	R-A-V-I-E *(encantada)*	P-A-P-Y *(abuelo)*
H-E-U-R-E-U-X *(feliz, masc.)*	V-R-A-I *(cierto, masc.)*	Z-O-O *(zoo)*

Acentos, diéresis y cedilla

El francés utiliza **tres acentos**, **diéresis** y **cedilla**:

- El acento agudo o **l'accent aigu [é]** se utiliza sobre la letra **e** para indicar que es una *e cerrada.*
- El acento grave o **l'accent grave [è]** se utiliza principalmente sobre la letra **e** para modificar su sonido y hacerlo abierto, pero también sobre la **a** o la **u** para distinguir palabras con ortografía idéntica.
- El acento circunflejo o **l'accent circonflexe** se utiliza sobre las letras **a**, **e**, **i**, **o** y **u**.
- La diéresis o **le tréma** se utiliza para indicar que determinada vocal se debe pronunciar independientemente de las otras, como en **Noël** (*no-el*).
- Por último, la cedilla o **la cédille** se utiliza con la letra **[c]** para señalar que tiene un sonido **[s]** delante de las letras **a**, **o** y **u**, como en **ça**.

2 **Utiliza el diccionario para colocar correctamente los acentos, la diéresis (*tréma*) o la cedilla en las siguientes palabras y escribe su significado como en el ejemplo.**

Ej.: Frere → frère = hermano

a. Une mere → ______ = ______

b. Peut-etre → ______ = ______

c. Noel → ______ = ______

d. Une lecon → ______ = ______

e. Le present → ______ = ______

f. Tot → ______ = ______

g. Un garcon → ______ = ______

h. Le passe → ______ = ______

3 **Subraya la respuesta correcta en las siguientes oraciones.**

a. Mon **pere / pêre / pére / père** est au travail.

b. Il me tarde d'être à **Noêl / Noél / Noël / Noèl** !

c. Pourriez-vous me donner des **glassons / glasons / glacons / glaçons**, s'il vous plaît ?

d. Oublie le **passe / passè / passé / passê**. Pense au futur !

e. Elles portent la **meme / mème / méme / même** robe !

Letras mudas

Lamentablemente, el francés pocas veces se pronuncia como se escribe. ¡Algunas letras ni siquiera se pronuncian!

- Esto ocurre generalmente al final de las palabras:
  – con **consonantes finales: Salut** *Hola*;
  – y **e** muda: **Femme** *Mujer*.
- También ocurre con la letra **h** que, como en español, siempre es muda: **Homme** *Hombre*.

4 **Lee las siguientes palabras en voz alta (recuerda las letras mudas) y escribe la traducción en español debajo de cada una.**

froid	porc	trois	vous	abricot
....	....	....	....	....
chez	mot	chat	salut	outil
....	....	....	....	....
estomac	beaucoup	trop	nerf	deux
....	....	....	....	....

5 **Coloca las siguientes palabras en la columna correcta dependiendo de si terminan en una letra muda o no.**

TURC POULE HIVER FOUR LOURD OURS FROID ŒUF

Letra muda	Letra sonora

Vocales nasales, el sonido de la *u* y de la *r*

- Las vocales nasales son sonidos vocálicos que ocurren con sílabas que terminan en **m** o **n** (como **tante** *tía*, **oncle** *tío*). Aunque estas letras son mudas, hacen que la vocal precedente suene "nasal".
- La **u** francesa: no se pronuncia igual que la *u* española. Es más bien una mezcla entre el sonido *u* y el sonido *i*. Para reproducir su sonido correctamente, trata de pronunciar una *i* colocando la boca como si fueras a reproducir una **u**. Verás que la punta de tu lengua se coloca sobre los dientes inferiores.
- La **r** francesa: es un sonido gutural, parecido al que emiten los perros cuando están enfadados. Es sencillo: consiste en hacer vibrar la campanilla. Para pronunciarla, imagina que estás haciendo gárgaras ¡y verás qué fácil te resulta!

6 **Practica las siguientes vocales nasales y los sonidos de la u y la r leyendo en voz alta las siguientes frases.**

a. Tu es sûr que la poule est sur le mur ?

b. Où est ton chien ? Sur o sous le banc ?

c. As-tu entendu ? Sa sœur a eu un garçon !

d. J'ai perdu le numéro de téléphone de sa tante.

Liaison

Las letras **s**, **x**, **z**, **t**, **d**, **n** y **m**, que normalmente son mudas al final de una palabra, a veces se pronuncian si la siguiente palabra comienza con un **sonido vocálico** o uno **mudo [h]** como en « **les en**fants ».

7 **En los siguientes ejemplos, indica si hay o no « liaison » señalando la respuesta correcta Sí (✓) o No (×).**

Frase	Sí	No
Un homme		
Les élèves		
Les haricots		

Frase	Sí	No
Les vieux éléphants		
Le petit ami		
Les yeux		

8 **Completa el siguiente crucigrama utilizando las palabras que has aprendido en este capítulo.**

Vertical

1. Segunda persona del plural
4. Mucho
5. Lo que dices
6. Número
8. Lo opuesto a *mujer* / *madre*
10. Una mujer muy feliz

Horizontal

B. Saludo
C. Conjunción corta
E. Saludo informal
G. Lo opuesto a *calor*
H. Lo que eres en la escuela
I. Demasiado

9 **Encuentra y corrige los 10 errores que hay en el siguiente texto.**

" Mon pere est rentre hier soir du Venezuela pour feter Noel en famille. Il veut des festivites francaises ! C'est genial d'etre enfin ensemble ! C'est l'heure des cadeaux et des escargots ! Nous allons nous regaler ! Quelle fete cela sera ! "

¡Felicidades! ¡Has completado el capítulo 1! Es el momento de sumar los iconos y escribir el resultado en la página 128 para tu evaluación final.

2

Artículos y sustantivos

Las formas de los sustantivos

- En francés, casi todos los sustantivos son masculinos o femeninos. La mayoría de los sustantivos femeninos terminan en **-e** (une fill<u>e</u>) mientras que la mayoría de los masculinos terminan en consonante **(un garço<u>n</u>)**.

  Sin embargo, hay, como siempre, muchas excepciones **(<u>un</u> arbr<u>e</u>)**, por eso siempre es mejor aprendérselos con su género. Ten en cuenta que la mayoría suelen coincidir con el género de su traducción al español, pero no siempre es así.

  Además, muchos sustantivos tienen diferentes formas en masculino y en femenino, tales como **« un homme »** (un hombre) y **« une femme »** (una mujer) por ejemplo.

- Para formar el plural, todo lo que necesitas es añadir una **-s** al final del sustantivo **(une fille → des filles)** o una **-x** o **-ux** **(un cheveu → <u>des</u> cheveu<u>x</u> ; un journal → <u>des</u> journa<u>ux</u>)**. Si el sustantivo ya acaba en S, X o Z, entonces no hay diferencia entre la forma singular y la plural **(le fil<u>s</u> → les fil<u>s</u>)**.

1 **Marca la respuesta correcta: ¿son las siguientes palabras masculinas (M), femeninas (F) o plural (P)?**

Sustantivos	M	F	P
Salon	▢	▢	▢
Chambre	▢	▢	▢
Toilettes	▢	▢	▢
Cave	▢	▢	▢
Grenier	▢	▢	▢
Cuisine	▢	▢	▢

 Completa la siguiente tabla (utiliza un diccionario si lo necesitas). 

Masculino singular	Femenino singular	Masculino plural
....	Une amie	....
Un Français	....	....
....	....	Des marchands
Un marié	....	....
....	Une avocate	....
....	....	Des invités

Los artículos definidos

Al igual que en español, la forma del artículo definido varía en función de la palabra a la que precede:

- **Le** delante de un sustantivo masculino: **le père.**
- **La** delante de un sustantivo femenino: **la mère.**
- **L'** delante de un sustantivo singular, si este comienza por vocal o por **h** muda: **l'enfant, l'hôtel.**
- **Les** delante de un sustantivo plural: **les parents.**

Género	Singular	Plural
Masculino	**le, l'**	**les**
Femenino	**la, l'**	**les**

 Señala el artículo definido correcto. 

a. (Le / La / L' / Les) maison est grande !

b. (Le / La / L' / Les) filles sont très jolies !

c. (Le / La / L' / Les) enfants sont gentils.

d. (Le / La / L' / Les) eau est trop froide !

e. (Le / La / L' / Les) garçon joue au football.

f. (Le / La / L' / Les) homme est très grand !

4 Relaciona el artículo definido con el sustantivo correspondiente.

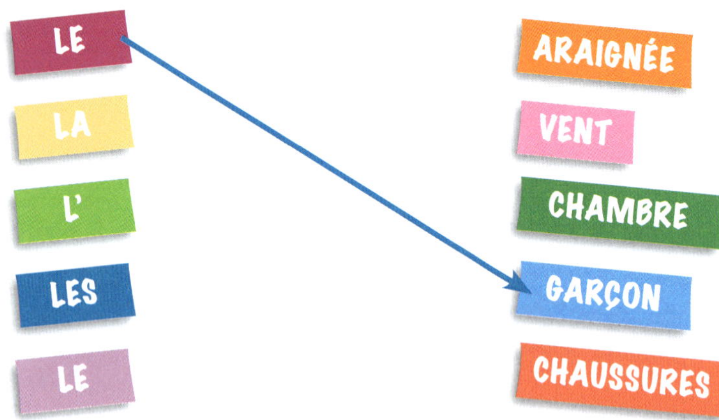

Los artículos indefinidos

- **Un** y **une** son los equivalentes en español a *un/uno* y *una*. **Un** se utiliza con los sustantivos masculinos, mientras que **une** se utiliza con los sustantivos femeninos: **un arbre** *(un árbol)*, **une maison** *(una casa)*.
- El artículo **des** se utiliza con las formas plurales: **des livres** *(unos libros)*.

Género	Singular	Plural
Masculino	un	des
Femenino	une	des

5 Señala el artículo indefinido correcto. Puedes utilizar un diccionario para comprobar si el sustantivo es femenino o masculino.

a. Il y a **(un / une / des)** chat sur le toit.

b. As-tu **(un / une / des)** crayons dans ta trousse ?

c. Je mange **(un / une / des)** gâteaux tous les jours.

d. Il veut **(un / une / des)** guitare pour Noël.

e. Nous avons **(un / une / des)** chien.

Los artículos partitivos

Los artículos partitivos en francés no tienen traducción en español, pero corresponderían a «algo de» o «un poco de». Se utilizan con sustantivos incontables.

Tienen cuatro formas:

- **Du** se utiliza delante de un sustantivo masculino: **du café**.
- **De la** se utiliza delante de un sustantivo femenino: **de la salade**.
- **De l'** se utiliza delante de un sustantivo singular, si este comienza por vocal o por **h** muda: **de l'eau**.
- **Des** se utiliza delante de un sustantivo plural: **des biscuits**.

Género	Singular	Plural
Masculino	**du/ de l'**	**des**
Femenino	**de la/ de l'**	**des**

6 Pide tu pizza utilizando los artículos correctos.

" Garçon, s'il vous plaît ! Je voudrais .... pizza avec .... champignons, ... jambon et .... sauce tomate. Je veux .... pizza rapidement car j'ai très faim ! J'aimerais aussi .... eau ! Merci ! "

de la une la de l' du des

Los artículos indefinidos y partitivos con la forma negativa y adjetivos

- Observa que, como regla general, cuando los artículos indefinido y partitivo se utilizan en la forma negativa, **un**, **une**, **du**, **de la**, **de l'** y **des** se sustituyen por **de** o **d'**: **J'ai une voiture → Je n'ai pas de voiture ; J'ai des amis → Je n'ai pas d'amis.**
- **Des** se sustituye generalmente por **de** delante de un adjetivo que precede a un sustantivo plural: **J'ai des chaussettes → J'ai de jolies chaussettes.**

7 Pasa a la forma negativa las siguientes frases.

a. Tu as un jardin.

....

d. J'ai une maison.

....

b. Nous avons des enfants.

....

e. Elles ont des amis.

....

c. Ils ont de gentils parents.

....

Sustantivos femeninos o masculinos

- Por lo general, el femenino se forma añadiendo una **-e** al sustantivo masculino. Pero algunos sustantivos conllevan un cambio más drástico **(-er → -ère ; -en → -enne ; -an → -anne ; -on → -onne ; -eur → -rice ; -at → -atte ; -f → -ve ; -x → -se)**. Otros, especialmente los que se refieren a profesiones, se pueden utilizar con la forma masculina incluso si se refieren a una mujer **(un docteur)**. Y algunos tienen la misma forma **(un / une élève)**.

8 Relaciona las siguientes profesiones en francés con su traducción al español:

un avocat •	• un camarero
un chanteur •	• un cantante
un professeur •	• un escritor
un serveur •	• un abogado
un concierge •	• un ingeniero
un écrivain •	• un conserje
un ingénieur •	• un profesor

9 Con ayuda de un diccionario, encuentra el equivalente masculino o femenino de los siguientes sustantivos.

Masculino	Femenino	Masculino	Femenino
Un vendeur	....	Un maître	....
....	Une musicienne	Un paysan	....
Un acteur	....	....	Une secrétaire
....	Une boulangère	Un dentiste	....
....	Une étudiante	Un professeur	....

¡Felicidades! ¡Has completado el capítulo 2! Es el momento de sumar los iconos y escribir el resultado en la página 128 para tu evaluación final.

3

Pronombres (parte 1)

Pronombres sujeto

- El sujeto de un verbo es la persona o cosa que realiza la acción del verbo. Un pronombre sujeto sustituye a esa persona o cosa (ej.: **Gaston aime les frites → <u>Il</u> aime les frites**.)
- Estos son los pronombres sujeto en francés:

SINGULAR		PLURAL	
Je/j'	*Yo*	**Nous**	*Nosotros/as*
Tu	*Tú (familiar / informal)*	**Vous**	*Vosotros/as* o *Usted (formal)*
Il	*Él*	**Ils**	*Ellos*
Elle	*Ella*	**Elles**	*Ellas*
On	*La gente, uno/a, nosotros/as*		

- Ten en cuenta que:
  - **Je** se convierte en **J'** delante de una vocal o de una **h** muda: **<u>J'</u>ai un frère**, **<u>J'</u>habite à Madrid**.
  - **Il** se utiliza en frases impersonales: **Il fait chaud, Il est trop tard, Il est six heures**.
  - **On** se utiliza con el sentido de «la gente», «uno/a», «se» o en lugar de «nosotros/as»: **En France, <u>on</u>** déjeune à midi, **<u>On</u> m'a téléphoné ce matin, <u>On</u> n'a pas le droit de fumer ici, <u>On</u> va au cinéma demain**.

1 Traduce el pronombre sujeto español al francés.

a. *(Tú)* .... es très grande !

b. *(Ella)* .... a quarante-cinq ans.

c. *(Nosotros)* .... sommes Canadiens.

d. *(Ellas)*............................ adorent les araignées !

e. *(Vosotras)*....................... êtes très élégantes !

2 Rellena los espacios en blanco con el pronombre sujeto apropiado.

a. .... sont au Kenya.

b. .... êtes au cinéma ?

c. .... est heureuse.

d. .... sommes à la boulangerie.

e. .... suis allergique au pollen.

Los verbos auxiliares *Être* (ser / estar) y *Avoir* (tener) en presente

El presente se utiliza para describir una situación actual.

ÊTRE		AVOIR	
Yo soy / estoy	**Je suis**	*Yo tengo*	**J'ai**
Tú eres / estás	**Tu es**	*Tú tienes*	**Tu as**
Él/Ella es / está	**Il/Elle est**	*Él/Ella tiene*	**Il/Elle a**
Nosotros/as somos / estamos	**Nous sommes**	*Nosotros/as tenemos*	**Nous avons**
Vosotros/as sois / estáis	**Vous êtes**	*Vosotros/as tenéis*	**Vous avez**
Ellos/as son / están	**Ils/Elles sont**	*Ellos/as tienen*	**Ils/Elles ont**

3 Completa las siguientes frases utilizando la forma correcta del verbo SER / ESTAR (ÊTRE).

a. Il .... peintre.

b. Nous .... étudiants.

c. Elles............................. actrices.

d. Vous............................. boulangers ?

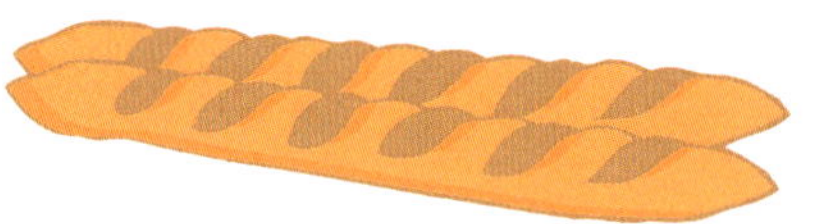

e. Je .... traducteur.

4 Completa las siguientes frases utilizando la forma correcta del verbo TENER (AVOIR).

a. J'.................................. 45 ans.

b. Nous .... un chien.

c. Ils .... trois vélos.

d. Tu .... une moto ?

e. Elle .... deux maisons.

5 Completa las siguientes frases utilizando la forma correcta de SER / ESTAR (ÊTRE) o de TENER (AVOIR).

a. Philippe .... ingénieur.

b. Karine .... un chien et deux hamsters.

c. Clémentine .... très jolie.

d. Nicolas .... gentil.

e. Oriane .... une belle robe.

 **Subraya el pronombre sujeto correcto.** 

a. Il / Elle / Tu
est courageuse.

b. Vous / Tu / J'
avez une belle voiture !

c. Il / Vous / Nous
sommes en Australie.

d. Elles / Ils / Vous
sont petits.

e. Je / Il / Tu
suis Belge.

Pronombres objeto directo

- El objeto directo del verbo es la persona o cosa sobre la que recae la acción. Los pronombres de objeto directo se colocan delante del verbo: **Xavier <u>me</u> voit** *(Javier me ve).*

- Los pronombres de objeto directo en francés son:

ESPAÑOL	FRANCÉS
me	**me/m'**
te	**te/t'**
lo / la	**le/l' / la/l'**
nos	**nous**
os	**vous**
los / las	**les**

- **M', t', l'** se utilizan delante de una vocal o una **h** muda.

- Para el tratamiento de cortesía (*usted*), tanto en singular como en plural, se utiliza el pronombre **vous**: **Monsieur, je vous appellerai demain**. *(Señor, lo llamaré mañana).* **Mesdames, je vous appellerai demain**. *(Señoras, las llamaré mañana).*

 **Completa las siguientes frases utilizando el pronombre de objeto directo apropiado.** 

a. Je .... aime ! *(a ella)*

b. Tu .... attends quelques minutes ? *(a mí)*

c. Elles .... ont invités au restaurant. *(a nosotros)*

d. Je .... ai vus au cinéma. *(a vosotros)*

e. Stéphanie .... attend depuis une heure. *(a ti)*

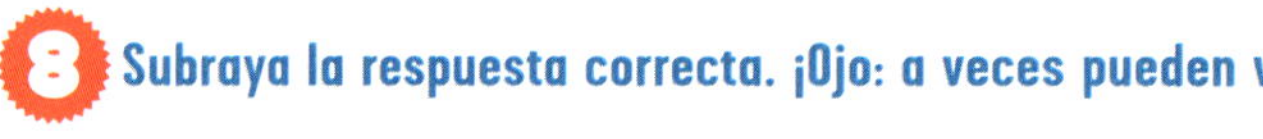

a. Marc le prend tous les jours. → **le train / la voiture**

b. Il l'adore ! → **Maéva / Bruno**

c. Tu la ranges dans quel tiroir ? → **la fourchette / le couteau**

d. Elle les voit tous les week-ends. → **ses cousins / ses cousines**

e. Il vous comprend très bien. → **toi et ton amie / Adèle et Catherine**

Pronombres de objeto indirecto

- Los pronombres de objeto indirecto en francés son:

ESPAÑOL	FRANCÉS
me	**me/m'**
te	**te/t'**
le	**lui**
nos	**nous**
os	**vous**
les	**leur**

- **M'**, **t'**, **l'** se utilizan delante de una vocal o una **h** muda.

- La persona o cosa hacia la que se dirige la acción se llama objeto indirecto. El pronombre de objeto indirecto sustituye al sustantivo de objeto directo:
  Sophie parle à Jérôme.
  (¿A quién habla Sofía?)
  → **Sophie lui parle.**
  (**lui** sustituye a Jérôme = *Sofía le habla*).

Sophie *sujeto*	**parle** *verbo = acción*	**à** *preposición*	**Jérôme** *nombre propio*
Sophie *sujeto*	**lui** *pronombre de objeto indirecto = sustituye a Jérôme*	**parle** *verbo = acción*	

9 Completa las siguientes frases utilizando el pronombre de objeto indirecto adecuado. 

a. Il a dit bonjour à Sophie. → Il .... a dit bonjour.

b. J'ai donné une lettre à toi et à ton frère. → Je...................... ai donné une lettre.

c. Marie pose une question à toi et à moi. → Marie .... pose une question.

d. Elle téléphone à son père tous les dimanches. → Elle .... téléphone tous les dimanches.

e. Ton père a répondu (à toi). → Ton père.. a répondu.

10 ¿Directo o indirecto? Rellena el siguiente crucigrama completando las frases con el pronombre objeto apropiado.

1→ Il .... *(ella)* a répondu oui !

2→ Je .... *(vosotros/as)* ai écrit une lettre.

3→ Vous ......*(nosotros/as)* indiquez la mauvaise direction !

4→ Tu .... *(nosotros/as)* parles trop fort !

5→ Angèle .... *(ellos/as)* chante une chanson.

6→ Je .... *(ella)* vois dans la cuisine.

7→ Elles .... *(él)* racontent une longue histoire.

8→ Marcelle veut .... *(usted)* voir.

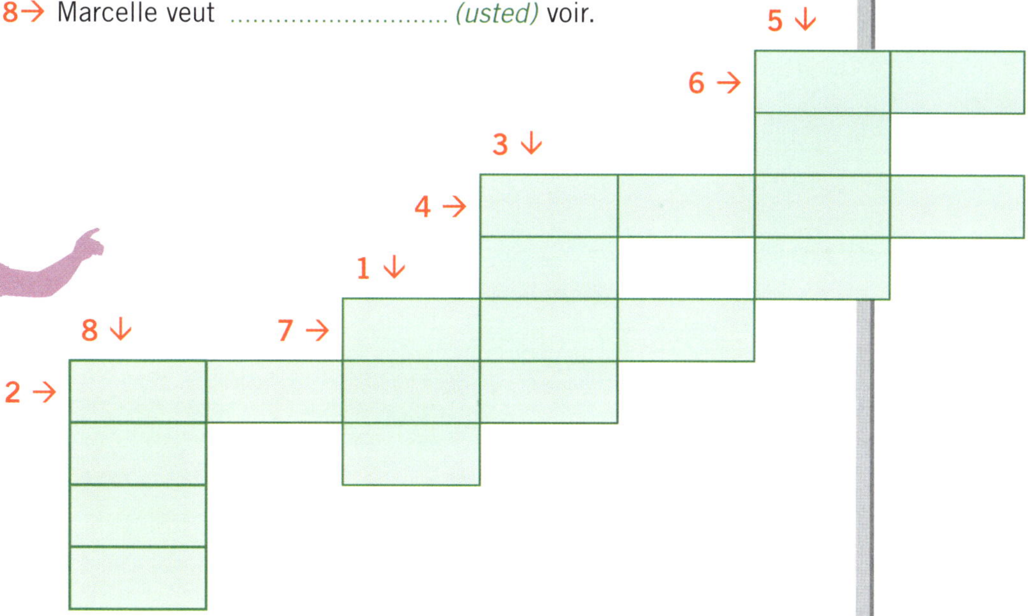

¡Felicidades! ¡Has completado el capítulo 3! Es el momento de sumar los iconos y escribir el resultado en la página 128 para tu evaluación final.

Adjetivos

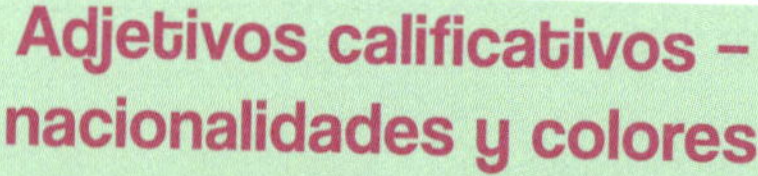

Adjetivos calificativos – nacionalidades y colores

- Un adjetivo es una palabra que describe a un sustantivo o a un pronombre. En francés, al igual que en español, los adjetivos concuerdan en género (masculino o femenino) y en número (singular o plural) con el sustantivo al que acompaña.
- Mira las siguientes formas posibles:

	Singular	Plural
Masculino	Joli	Jolis
Femenino	Jolie	Jolies

- **Para formar el femenino** de un adjetivo, normalmente se añade una **-e** a la forma masculina: **joli → jolie**. No obstante, algunas formas son irregulares:
  – Si la forma masculina ya termina en **-e**, no cambia en femenino: **Il est triste. → Elle est triste.**
  – Estos son algunos de los cambios irregulares al pasar de masculino a femenino:

[-n] → [-nne]
[-c] → [-que]
[-l] → [-lle]
[-er] → [-ère]
[-et] → [-ète]
[-et] → [-ette]
[-eur] → [-euse]
[-eur] → [-rice]
[-f] → [-ve]
[-c]/[-s] → [-che]
[-g] → [-gue]
[-x] → [-se]
[-u] → [-üe]

  – Y en muchos adjetivos, la forma femenina es completamente diferente (**vieux → vieille ; fou → folle**). Los irás aprendiendo a medida que avances.
- **Para formar el plural**, por lo general se añade una **-s** al singular: **joli → jolis**.
  – Si la forma singular ya termina en **-s** o en **-x**, no hay cambio.
  – Si la forma singular acaba en **-al**, normalmente cambia a **-aux**.
  – Y si acaba en **-eau**, cambia a **-eaux**.

1 Completa la siguiente tabla.

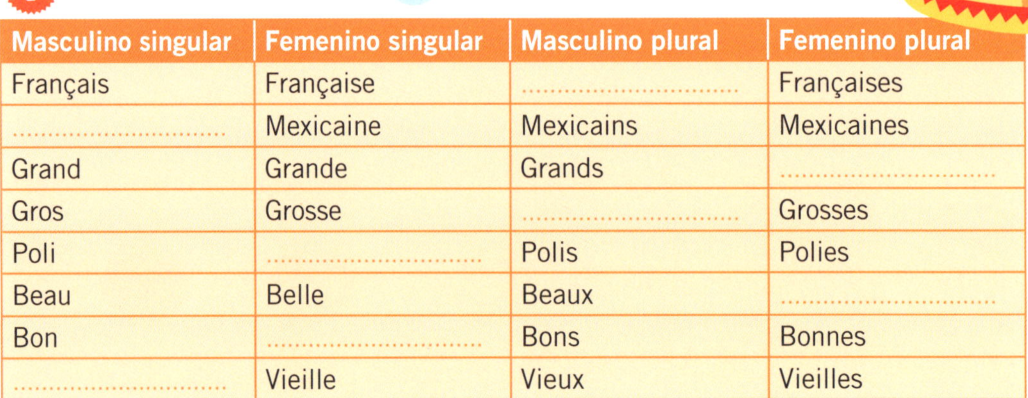

Masculino singular	Femenino singular	Masculino plural	Femenino plural
Français	Française	....	Françaises
....	Mexicaine	Mexicains	Mexicaines
Grand	Grande	Grands	....
Gros	Grosse	....	Grosses
Poli	....	Polis	Polies
Beau	Belle	Beaux	....
Bon	....	Bons	Bonnes
....	Vieille	Vieux	Vieilles

2 Completa los espacios de las siguientes frases con el adjetivo apropiado.

patient *méchants* *gentille*
amoureux *maladroits* *bavardes*

a. Quelle générosité ! Elle est vraiment très .... !

b. Fais très attention. Ces chiens sont ....

c. Sois .... Sébastien. Ton tour viendra !

d. Regarde ces deux femmes là-bas ! Elles sont vraiment .... !

e. Oh Marceau, avec un tel sourire, toi, tu es .... !

f. Ils sont tellement .... ! Ils cassent toujours quelque chose...

- Ten en cuenta que, al igual que en español, la mayoría de los adjetivos en francés van detrás del sustantivo al que modifican:
  una casa azul
  → **une maison bleue.**
- No obstante, algunos adjetivos sí van delante del sustantivo:
  – los números cardinales,
  – **beau, bon, court, dernier, gentil, grand, gros, haut, jeune, joli, long, mauvais, nouveau, petit** y **vieux.**

3 Coloca el adjetivo en su lugar correcto en las siguientes frases.

a. Oh, regarde ! Quel paysage ! **(beau)**

....

b. J'aime beaucoup cette robe. **(rouge)**

....

c. C'est une fille. **(jalouse)**

....

d. Quel tableau ! **(joli)**

....

e. Je suis fatigué. C'était un voyage. **(long)**

....

Nacionalidades

- Cuando se trata del gentilicio, la inicial se escribe con mayúscula: **un Australien / les Australiens**.
- Sin embargo, cuando utilizamos la nacionalidad como adjetivo o cuando nos referimos a la lengua de un país, la inicial va en minúscula: **la cuisine française ; les enfants sont anglais**.
- Al igual que en español, las nacionalidades tienen género: **un Africain / une Africaine**.
- Casi todos los países van precedidos por el artículo determinado que corresponda a su género: *Finlandia* = **la Finlande.**

4 Subraya la forma correcta de los siguientes adjetivos o nacionalidades.

a. Mon ami est anglais / anglaise / anglaises.

b. Cette fille est coréen / coréenne / coréennes.

c. Ses parents sont finlandais / finlandaise / finlandaises.

d. Ce groupe de musique est canadien / canadienne / canadiens / canadiennes.

e. Les joueurs de cette équipe sont chinois / chinoise / chinoises.

f. Les chanteuses de cette chorale sont américain / américaine / américains / américaines.

5 Completa la siguiente tabla.

Banderas	Masc. sing.	Fem. sing.	Masc. pl.	Fem. pl.
	Hollandais	Hollandaise	Hollandais	Hollandaises
	....	....	....	....
	....	....	....	....
	....	....	....	....
	....	....	....	....
	....	....	....	....
	....	....	....	....
	....	....	....	....
	....	....	....	....
	....	....	....	....

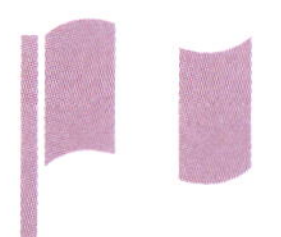

Colores

Los colores que obtienen su nombre de:
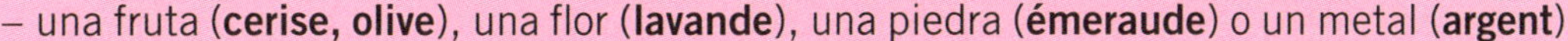
– una fruta (**cerise, olive**), una flor (**lavande**), una piedra (**émeraude**) o un metal (**argent**),
– o los que tienen formas compuestas (**bleu marine**),
no cambian en femenino ni en plural:
Ses chaussures sont <u>**marron**</u> (*marrón/castaño*). **Elle a des yeux** <u>**bleu clair**</u> (*azul claro*).

6 Completa la siguiente tabla.

Colores	Masc. sing.	Fem. sing.	Masc. pl.	Fem. pl.
	Jaune	Jaune	Jaunes	Jaunes
	....	....	....	....
	....	....	....	....
	....	....	....	....
	....	....	....	....
	....	....	....	....
	....	....	....	....
	....	....	....	....
	....	....	....	....
	....	....	....	....
	....	....	....	....

7 Escribe la forma correcta del adjetivo en las siguientes frases.

a. De belles chaussures (bleu)
....

b. De très jolies fleurs (jaune)
....

c. De beaux pulls (marron)
....

d. Une élégante cravate (noir)

e. Un buisson (vert)

Adjetivos demostrativos

- Los adjetivos demostrativos se utilizan para señalar algo o a alguien y concuerdan en género y número con el nombre al que siguen.

	Singular	Plural
Masculino	Ce, cet	Ces
Femenino	Cette	Ces

- **Cet** se utiliza delante de un sustantivo masculino singular o un adjetivo que comience por vocal o por **h** muda: **cet ananas** (*piña*), **cet habit** (*prenda*).

8 Rodea con un círculo el adjetivo demostrativo correcto.

a. J'ai beaucoup aimé (**ce / cet / cette / ces**) film !

b. Quelle horreur ! (**Ce / Cet / Cette / Ces**) pomme était pourrie *(podrida)* !

c. (**Ce / Cet / Cette / Ces**) enfants sont très bruyants *(ruidosos)*.

d. Peux-tu me passer (**ce / cet / cette / ces**) plat, s'il te plaît ?

e. (**Ce / Cet / Cette / Ces**) homme a une cravate rigolote !

Adjetivos posesivos

- En francés, los adjetivos posesivos concuerdan en género y número con el sustantivo al que acompañan. Mira esta tabla:

Masc. sing.	Fem. sing.	Plural
mon	ma	mes
ton	ta	tes
son	sa	ses
notre	notre	nos
votre	votre	vos
leur	leur	leurs

- **Ten en cuenta que**, además, la forma masculina se utiliza delante de cualquier sustantivo que empiece por vocal o por una **h** muda: **mon amie Sophie**, **mon histoire**.

9 Escoge el adjetivo posesivo correcto de la tabla anterior para completar las siguientes frases:

a. As-tu vu .... *(mi)* livre ? Je ne le trouve pas !

b. .... *(su de él)* sœurs sont très grandes !

c. J'adore .... *(su de ellos)* chien ! Il est très amusant !

d. .... *(su de él)* amie s'appelle Éléanore.

e. .... *(tu)* père est très gentil Anne!

Con las partes del cuerpo

Al igual que en español, cuando utilizamos **avoir** o un verbo reflexivo (como **se laver**), se usa el artículo definido:

J'ai les cheveux blonds.
(Tengo el pelo rubio.)

Elle s'est lavé les mains.
(Ella se ha lavado las manos.)

10 Traduce las siguientes frases.

a. Ella tiene el pelo castaño.

....

b. Su padre (de él/ella) es francés.

....

c. Su gato (de ellos) es blanco.

....

d. Ella se lavó el pelo ayer.

....

e. Tu casa es muy grande.

....

Felicidades! ¡Has completado el capítulo 4! Es el momento de sumar los iconos y escribir el resultado en la página 128 para tu evaluación final.

5 Comparativos y superlativos

El comparativo y los adjetivos

El comparativo se utiliza para comparar dos personas o dos cosas.

- Para expresar inferioridad, usamos: **moins ... que ...** = *menos ... que ...* (ej.: **Karine est moins fatiguée que Coralie**. = *Karine está menos cansada que Coralie*).
- Para expresar igualdad, usamos: **aussi ... que ...** = *tan ... como ...* (ej.: **Sophie est aussi Jolie qu'Éloïse**. = *Sophie es tan guapa como Éloïse*).
- Para expresar superioridad, usamos: **plus ... que ...** = *más ... que ...* (ej.: **Pierre est plus bavard que Daniel**. = *Pierre es más hablador que Daniel*).

Ten en cuenta que **que** se convierte en **qu'** delante de una vocal y de una **h** muda y no olvides que los adjetivos deben concordar con los sujetos (es decir, el primero de los dos términos comparados).

1 Convierte los adjetivos entre paréntesis en un comparativo según el símbolo que los acompaña (– inferioridad; = igualdad; + superioridad) como en el ejemplo.

Ej.: Mon frère est (grand +) plus grand que mon père.

a. Son chat est (rapide –) .... son chien !

b. Floriane est (jolie =) .... Martine.

c. Ce livre est (intéressant +) .... celui-là.

d. Laurent est (gentil –) .... Sylvain.

e. Ta maison est (grande =) .... la mienne.

2 Traduce las siguientes frases al español.

a. Cette table est plus grande que celle-là.

= ....

b. Alexandre est aussi sportif que Julien.

= ....

c. Sophie est moins jolie que Karine.

= ....

d. Julien est aussi drôle que Lily.

= ....

e. Le sac bleu est plus grand que le sac noir.

= ....

3 Subraya la forma correcta de los adjetivos en las siguientes frases.

a. Elles sont plus **bavard / bavarde / bavards / bavardes** que nous.

b. Marion est aussi **beau / belle / beaux / belles** que Sophie.

c. Emmanuel est aussi **intelligent / intelligente / intelligents / intelligentes** que Claire.

d. Louis et Gabriel sont moins **gentil / gentille / gentils / gentilles** que Catherine et Jennifer.

e. L'arbre de droite est plus **petit / petite / petits / petites** que l'arbre de gauche.

El comparativo y los adverbios

- Rigen las mismas reglas que acabamos de comentar, pero en lugar de utilizar un adjetivo, se usa un adverbio.
- Un adverbio es una palabra que modifica a un adjetivo, a otro adverbio o a un verbo (ej.: **Il écrit <u>lentement.</u>** = *Escribe lentamente*).
- Aunque muchos adverbios, tales como **vite** (*rápido*), **bien** (*bien*) and **mal** (*mal*) no se forman a partir de otras palabras, muchos sí lo hacen.
  - La forma más común de formar un adverbio es añadir el sufijo **-ment** cuando la última letra del adjetivo es una vocal (**rapide → rapidement**) y a la forma femenina del adjetivo si la forma masculina acaba en consonante (**seul → seule → seulement**).
  - Si el adjetivo masculino termina en **-ant** o en **-ent**, el adverbio se forma sustituyendo esos sufijos por **-amment** y **-emment** respectivamente (**prudent → prudemment**).
  - También hay algunos adverbios irregulares como **meilleur** (*mejor*) → **mieux** (*mejor*); **gentil** (*amable*) → **gentiment** (*amablemente*), **bref** (*breve*) → **brièvement** (*brevemente*).

4 ¿Adjetivo o adverbio? Escribe las palabras en la columna correcta.

Adjetivos	Adverbios

Gentil FACILEMENT Mieux Belle Malheureusement Rapidement

5 Sigue las reglas de la explicación anterior y convierte estos adjetivos en adverbios.

Ej.: Heureux → Heureusement

a. Rare → ....

b. Poli → ....

c. Courageux → .... → ....

d. Prudent → ....

e. Parfait → .... → ....

El superlativo

- El superlativo se utiliza para expresar lo que alguien o algo es en su grado máximo. Solo necesitas utilizar el artículo definido adecuado **le**, **la** o **les** delante de los adverbios **plus** o **moins**.
- Como siempre, los adjetivos que se utilizan con el superlativo concuerdan con los sustantivos a los que modifican (ej.: **Les pommes <u>les plus</u> rouges.**)
- Ten en cuenta que cuando el adjetivo va detrás del nombre, el artículo (**le**, **la** o **les**) se repite (ej.: **C'est <u>le</u> restaurant <u>le plus</u> cher de la ville.)**
- Recuerda que, después de un superlativo, se utiliza la partícula **de** para expresar «entre»: *Julian es el más inteligente de la clase* = **Julian est le plus intelligent <u>de</u> la classe**.

6 Rodea con un círculo el artículo adecuado en las siguientes frases.

a. C'est le / la / les plus belle maison du quartier.

b. Ce sont les garçons le / la / les plus polis de la classe !

c. Ce sont le / la / les robes les plus laides du magasin.

d. C'est le / la / les chien le plus méchant du parc.

e. C'est le / la / les fille la plus jolie du village.

7 Escribe la forma superlativa correcta del adjetivo en las siguientes frases.

a. Ces fleurs sont les plus **(coloré)** .... du jardin.

b. Elle est la plus **(active)** ....de sa classe.

c. Ce bébé est le plus **(mignon)** .... que je connaisse.

d. Leurs voitures sont les plus **(propre)** .... de la rue !

e. Jeanne est la femme la plus **(maladroit)** .... !

 **Rellena los espacios en blanco con el artículo apropiado o con la preposición « de ».** 

a. C'est la maison .... plus chère du quartier.

b. Sophie est la fille .... moins sportive du groupe.

c. Jonathan est le garçon le plus rapide .... son club.

d. Les dattes sont les fruits .... plus sucrés.

e. Joséphine est la plus maligne .... l'école.

Formas irregulares

- El superlativo se utiliza generalmente con adjetivos, pero también se puede utilizar con adverbios.
- El adjetivo **mauvais** (*malo*) se convierte en **pire** (*peor*) y no en **le plus mauvais***: **Il est <u>pire</u> que moi** = *Es peor que yo.*

* forma incorrecta

- Y se convierte en **le pire** en el grado superlativo: **C'est <u>la pire</u> semaine de ma vie !** = *¡Es la peor semana de mi vida!*
- El adjetivo **bon** (*bueno*) se convierte en **meilleur** (*mejor*) en el comparativo.
- El adverbio **bien** (*bien*) se convierte en **mieux** (*mejor*) en el comparativo y en **le mieux** (*el mejor*) en el superlativo.

En las siguientes frases, escribe la forma comparativa o superlativa adecuada.

Ej.: Noah est (+ mignon) <u>le plus mignon</u> de sa classe.

a. Élisa est **(= étourdie)** ....Vanessa.

b. C'est **(+ bon)** .... gâteau du menu.

c. Ils sont **(+ timides)** .... leurs parents.

d. Audrey est la fille **(+ généreuse)** ....que je connaisse.

e. Ce livre est **(- mauvais)**.......................... que j'aie jamais lu !

¡Felicidades! ¡Has completado el capítulo 5! Es el momento de sumar los iconos y escribir el resultado en la página 128 para tu evaluación final.

6

Oraciones y estructuras

Oraciones afirmativas

La estructura más común en francés para las oraciones afirmativas es:
Sujeto + Verbo + Complemento:

<u>Je</u>	<u>regarde</u>	<u>un film de science-fiction</u>.
Sujeto	*Verbo*	*Complemento*

1 **Escribe las partes de la oración en la columna correcta.**
Ej.: Je vais au cinéma.

a. Il mange du gâteau.

b. Nous avons vu Charles et Simon.

c. Vous chantez une belle mélodie.

d. Elle donne des bonbons !

e. Nous aimons les films de science-fiction.

	Sujeto	Verbo	Complemento
	Je	vais	au cinéma.
a.			
b.			
c.			
d.			
e.			

Ordena correctamente las siguientes palabras para formar una oración.
Ej.: suis / France / Je / en /. → Je suis en France.

a. au restaurant / a invité / Julie / ses amis /.

....

b. voiture / une / Sylvain / nouvelle / a acheté /.

....

c. Son / très / est / pull / joli /.

....

d. en / voyage / train / Christian / souvent /.

....

e. à 8 heures / prend / Léon / petit / son / déjeuner /.

....

Construcciones negativas

- Las construcciones negativas más comunes se forman con **ne** + **verbo** + cualquiera de las siguientes posibilidades:
  - **Pas** = no: Nous **n'**avons **pas** de chien. = *No tenemos perro.*
  - **Rien** = nada: Je **ne** sais **rien**. = *No sé nada.*
  - **Plus** = ya: Solène **ne** boude **plus**. = *Solène ya no está enfurruñada.*
  - **Aucun/Aucune** = ningún/ninguna: Il **n'**a **aucun** ami. = *No tiene ningún amigo.*
  - **Jamais** = nunca: Je **ne** suis **jamais** allé en Belgique. = *Nunca he ido a Bélgica.*
  - **Ni ... ni ...** = ni ... ni ...: **Elle n'aime ni les pommes ni les poires**. = *A ella no le gustan ni las manzanas ni las peras.*
- Ten en cuenta que **ne** se convierte en **n'** delante de una vocal o una **h** muda: **Il n'habite pas chez ses parents.**
- En el pretérito perfecto, la forma negativa se intercala entre el auxiliar y el verbo (excepto con **ne ... personne** y **ne ... que**): **Il n'a jamais vu ce film**. = *Él no ha visto nunca esa película.*

3 **Completa los espacios en blanco con la construcción negativa adecuada.**

Ej.: Je ..... ai ...... de voiture (no) → Je n'ai pas de voiture

a. Estelle ...... est .... malade. **(ya)**

b. Martine .... a .... chat ...... chien. **(ni ... ni ...)**

c. Stéphanie .... est....... méchante. **(no)**

d. Roger .... a .... mangé de calamar. **(nunca)**

e. Julian .... a .... bu hier soir. **(nada)**

4 **Convierte las siguientes afirmaciones en oraciones negativas.**

a. Achille aime les fraises.

→ ....

b. Violette joue au tennis.

→ ....

c. Romain est blond.

→ ....

d. Séverine adore les films d'aventure.

→ ....

e. Olivier est petit.

→ ....

Forma interrogativa

- **Las preguntas cerradas (respuesta sí/no):** el sujeto y el verbo se puede invertir pero no es obligatorio: Ej.: **Es-tu content ?** – **Tu es content ?** = *¿Estás contento?*
- **Observación**: si el verbo termina en vocal con **il/elle/on**, hay que añadir una **-t**: **A-t-elle un chat ?**
- **Est-ce que... ?**: para formular una pregunta cerrada, también puedes poner **est-ce que** delante del sujeto: **Est-ce que tu es content ?** = *¿Estás contento?*

5 **Ordena los siguientes elementos para formar una oración.**

Ej.: suis / France / Je / en / Est-ce que / ?
→ Est-ce que je suis en France ?

a. les poires / Ginette / Est-ce que / aime / ?

→ ....

b. le chinois / elle / parle / Françoise / -t- / ?

→ ....

c. Australie / que / Marine / Est / en / ? / -ce / vit

→ ....

d. voir / Peut / venir / -il / me / ?

→ ....

e. -elle / mon / écouter / Veut / CD / ?

→ ....

6 **Transforma las siguientes afirmaciones en oraciones interrogativas con « est-ce que ».**

Ej. Elle aime le gâteau. → Est-ce qu'elle aime le gâteau ?

a. Il déteste les chats.

→ .... ?

b. Tu vas au cinéma.

→ .... ?

c. Vous regardez la télé.

→ .... ?

d. Ils sont allés en Italie.

→ .... ?

e. Elle aime ma confiture.

→ .... ?

Preguntas con partículas interrogativas

- Estas son preguntas que requieren una respuesta completa (no solo sí o no). **Où vas-tu ?** = *¿Dónde vas?* – **Je vais au cinema.** = *Voy al cine.*
- **Observación**: si la pregunta es negativa, solo tienes que poner **ne** delante del verbo y **pas** detrás. Recuerda que ne se convierte en **n'** delante de una vocal o de una **h** muda. Ej.: **Ne mangez-vous pas de tarte ?** = *¿No coméis tarta?* – **N'aimez-vous pas l'opéra ?** = *¿No os gusta la ópera?*

Lista de partículas interrogativas *(Les mots interrogatifs)*:

ESPAÑOL	FRANCÉS	ESPAÑOL	FRANCÉS
Quién	**Qui**	*Dónde*	**Où**
Con quién	**Avec qui**	*Por qué*	**Pourquoi**
Qué	**Que** **Qu'est-ce que** **Quoi**	*Cómo*	**Comment**
		Cuánto	**Combien**
		Cuánto tiempo	**Combien de temps**
Cuál	**Quel/Quelle/Quels/ Quelles**	*A qué hora*	**À quelle heure**
Cuándo	**Quand**		

7 Completa los espacios con la partícula interrogativa adecuada.

a. .... son train arrive-t-il à la gare ?

b. .... a mangé mon yaourt ?

c. .... ce collier coûte-t-il ?

d. .... es-tu rentré ? Tu avais oublié la clé !

e. .... fait-il dans sa chambre ?

8 Escribe la pregunta correspondiente a la respuesta.

Ej.: Quand viens-tu me voir ?
→ Tu viens me voir vendredi.

a. .... ?
→ Je vais bien merci !

b. .... ?
→ Il habite à Paris.

c. .... ?
→ Le film a duré 110 minutes.

d. .... ?
→ Sophie est rentrée parce qu'elle était fatiguée.

e. .... ?
→ C'est Louis qui a cassé le vase.

Ser o estar no es lo mismo

ser listo = **être intelligent** / *estar listo* = **être prêt**
Como ves, en español cambia el verbo, pero en francés lo que cambia es el adjetivo. Aquí tienes otros ejemplos:
ser delicado = **être délicat** / *estar delicado* = **être souffrant**
ser bueno = **être gentil** / *estar bueno* = **être en bonne santé ; être bon à manger ; être beau**
ser malo = **être méchant ; être mauvais** / *estar malo* = **être malade**
ser rico = **être riche** / *estar rico* = **être délicieux**
ser verde = **être de couleur verte ; être écologiste** / *estar verde* = **ne pas être pas mûr ; être grivois**

9 Traduce las siguientes frases.

a. Ne mange pas ce fruit. Il n'est pas mûr. → ....

b. Ma petite-fille est très gentille, elle m'aide toujours à traverser la rue.

→ ....

c. C'est une fleur très délicate. → ....

d. Le gazpacho que prépare ma mère est délicieux. → ....

e. Fumer est mauvais pour la santé. → ....

10 Completa la siguiente conversación telefónica con lo que has aprendido en esta lección.

« Allô, Louise ? _ _ es-tu ?
Nous sommes inquiets. Nous _ _ savons (saber)
_ _ _ où tu es. _ _ _ _ _ _ - _ _ _ _ _
tu fais ? _ _ _ _ _ _ _ _ _ n'as-tu pas téléphoné ?
_ _ recommence _ _ _ _ _ _ (nunca) ! »

¡Felicidades! ¡Has completado el capítulo 6! Es el momento de sumar los iconos y escribir el resultado en la página 128 para tu evaluación final.

7

Pronombres (parte 2)

Pronombres y verbos reflexivos, pronombres posesivos, interrogativos y relativos y EN/Y

Pronombres reflexivos

Los pronombres reflexivos son parte de los verbos reflexivos (**se voir**, **se parler**, **s'aimer**).

ESPAÑOL	FRANCÉS
me	**me/m'**
te	**te/t'**
se (él/ella)	**se/s'**
nos	**nous**
os	**vous**
se (ellos/as)	**se**

Verbos reflexivos

Los verbos reflexivos son verbos que expresan una acción que refleja el sujeto. **Je me présente.** = *Me presento.* Forman el pretérito perfecto con el verbo auxiliar **être** y el participio pasado.

1 Completa los espacios en blanco utilizando los pronombres reflexivos. ¡Ojo: hay uno que sobra!

nous

se

te

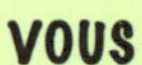

me

a. Elle .... réveille à 7 heures tous les matins.

b. Je .... souviens de Bruno.

c. Nous .... sommes encore disputés.

d. Vous .... téléphonez souvent ?

e. Il ne .... est pas rasé ce matin.

2 Completa los espacios en blanco utilizando los verbos reflexivos que se indican entre paréntesis.

a. Elle .... très tôt le mardi matin. **(se lever)**

b. Je .... toujours en jean ! **(s'habiller)**

c. Il ne .... jamais. Quelle horreur ! **(se laver)**

d. Nous .... beaucoup ! Vive les vacances ! **(s'amuser)**

e. Vous .... à quelle heure le samedi soir ? **(se coucher)**

Pronombres demostrativos

Estas son las diferentes formas de los pronombres demostrativos:

	Singular	Plural
Masculino	celui	ceux
Femenino	celle	celles

Estos pronombres se utilizan:

- Con una preposición como **à**, **de**, **dans** + sustantivo: **J'aime cette maison mais je n'aime pas celle de mes parents.** = *Me gusta esta casa, pero no me gusta la de mis padres.*
- Con un pronombre relativo como **qui**: **Celui qui est venu hier.** = El que vino ayer.
- Con (y ante) **-ci** y **-là**:

	Masculino	Femenino	Español
Singular	celui-ci	celle-ci	este/esta
	celui-là	celle-là	ese/esa
Plural	ceux-ci	celles-ci	estos/estas
	ceux-là	celles-là	esos/esas

- **Ce (c')** es la forma neutral de **celui**. Se utiliza delante de un pronombre relativo (**ce que/ce qui**) y en la expresión **c'est**.
- **Ceci** y **cela (ça)**: *esto* y *eso*. **Cela n'est pas vrai.** = *Eso no es cierto.* Estos pronombres no cambian ni en género ni en número.

3 Relaciona en sustantivo con su correspondiente pronombre demostrativo.

Les montres	●	●	**Celles**
L'enfant	●	●	**Celui**
La chambre	●	●	**Ceux**
Les jupes	●	●	**Celles**
Le manteau	●	●	**Celui**
Les livres	●	●	**Celle**

4 Escribe la forma correcta del pronombre que aparece entre paréntesis.

Ej.: J'adore ces boucles d'oreilles. Lesquelles ? → Celles-là (*aquellos*).

a. Je veux voir ce film. Lequel ? → .... *(este)*

b. J'aimerais une baguette, s'il vous plaît. Laquelle ? → .... *(esta)*

c. As-tu lu les livres de Bernard Werber ? Lesquels ? → .... *(esos)*

d. As-tu apporté le dossier ? Lequel ? → .... *(ese)*

e. Nous voulons visiter beaucoup de pays. Lesquels ? → .... *(estos)*

Pronombres interrogativos

- **Qui/Que**: **qui** es la partícula interrogativa que se traduce *por quién / a quién* y **que** la que se traduce por *qué*.
- **Quel** se traduce por *cuál* o *qué* cuando va seguida de un sustantivo como en **Quelle heure est-il ?** = *¿Qué hora es?* Concuerda con el sustantivo al que se refiere: **Quel jour ? Quelle voiture ? Quels libres ? Quelles couleurs ?** = *¿Qué día? ¿Qué coche? ¿Qué libros? ¿Qué colores?*

	Singular	Plural
Masculino	Quel	Quels
Femenino	Quelle	Quelles

- **Lequel** se traduce por *cuál*. También concuerda con el sustantivo al que se refiere:

	Singular	Plural
Masculino	Lequel	Lesquels
Femenino	Laquelle	Lesquelles

5 ¿QUI o QUE? Elige el pronombre interrogativo adecuado.

a. .... fais-tu dans la cuisine ?

b. .... a pris mon manteau ?

c. .... veut-il faire ce soir ?

d. .... est ce jeune homme ?

e. .... a apporté le gâteau ?

6 Completa los espacios en blanco con los pronombres relativos que hay junto al sombrero. ¡Ojo: hay uno que sobra!

« – .... robe veux-tu mettre aujourd'hui ?
– Je ne sais pas. Celle qui est jolie.

– .... ?
– La bleue.

– Et .... chaussures veux-tu porter ?
– Celles qui sont confortables.

– Mais .... ?
– Les sandales.

– Et .... chapeau aimerais-tu ?
– Celui avec une fleur. Merci ! »

Pronombres posesivos

- El pronombre posesivo sustituye a un adjetivo posesivo + un sustantivo: **Mon fils** (*mi hijo*) → **Le mien** (*el mío*). Los pronombres posesivos en francés concuerdan en género y número con el sustantivo al que reemplazan.
- Estos son los pronombres posesivos en francés:

ESPAÑOL	FRANCÉS
el mío, la mía, los míos, las mías	le mien, la mienne les miens, les miennes
el tuyo, la tuya, los tuyos, las tuyas	le tien, la tienne les tiens, les tiennes
el suyo, la suya, los suyos, las suyas	le sien, la sienne les siens, les siennes
el nuestro, la nuestra, los nuestros, las nuestras	le nôtre, la nôtre les nôtres
el vuestro, la vuestra, los vuestros, las vuestras	le vôtre, la vôtre, les vôtres
el suyo, la suya, los suyos, las suyas	le leur, la leur les leurs

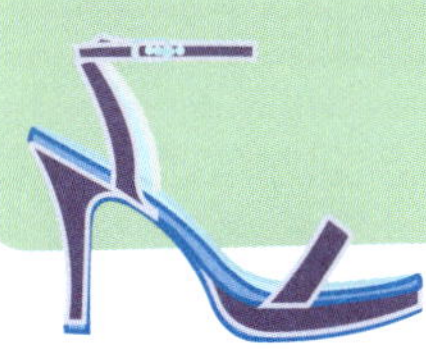

7 **Elige el pronombre posesivo apropiado como se muestra en el ejemplo.**
Ej.: J'aime mon beau blouson ! → J'aime le mien.

a. J'aime leur belle voiture → J'aime ....

b. J'aime son beau sac à main → J'aime ....

c. J'aime nos beaux chaussons → J'aime ....

d. J'aime ta jolie robe → J'aime ....

e. J'aime ses superbes chaussures → J'aime ....

Pronombres relativos

Un pronombre relativo es una palabra que se refiere a algo que se ha mencionado antes (es decir, un antecedente). Puede ser una palabra o una frase y relaciona a un sustantivo o a un pronombre con la siguiente frase.

- **Qui** y **que** son pronombres relativos que significan *que, el cual* o *quien*: *¡Tengo un coche nuevo que corre mucho!* → **J'ai une nouvelle voiture qui va très vite !** – *¡El libro que he leído es genial!* → **Le livre que j'ai lu est génial !**
- **Qui** es el sujeto del verbo que sigue: **L'homme qui était dans la rue.** = *El hombre que estaba en la calle.*
- **Que** es el objeto directo: **Le film qu'Aurélie regarde.** = *La película que está viendo Aurélie.*
- Si en lugar de sustituir a una palabra quieres reemplazar a una frase completa, debes utilizar **ce que** o **ce qui**: *Ella no para nunca de hablar, lo cual encuentro muy molesto.* → **Elle ne s'arrête jamais de parler, ce que je trouve très énervant.**

8 **¿QUI o QUE? Rodea con un círculo la respuesta correcta en las siguientes frases.**

a. L'enfant que / qui pleurait était perdu.

b. Le dernier film que / qui j'ai vu était merveilleux.

c. La tarte que / qui maman a préparée est délicieuse !

d. Je connais la femme que / qui est devant la boutique.

e. Je déteste le parfum que / qui tu portes aujourd'hui.

 **¿CE QUE o CE QUI? Rodea con un círculo la respuesta correcta en las siguientes frases.** 

a. Le bébé a pleuré toute la nuit, **ce que / ce qui** j'ai trouvé fatigant.
b. Il pleut encore, **ce que / ce qui** est très ennuyeux.
c. Je t'ai dit de ranger ta chambre, **ce que / ce qui** je t'ai déjà demandé trois fois !
d. Le professeur est absent, **ce que / ce qui** signifie que nous pouvons rentrer chez nous.
e. Il a amené des fleurs, **ce que / ce qui** je trouve très gentil.

En / y

- El pronombre francés **en** se utiliza para reemplazar a *de ello* o *de ellos*. **En** va delante del verbo: **Combien de films a-t-il ? Il en a 15.** → *¿Cuántas películas tiene él? Tiene 15 (de ellas).*
- El pronombre francés **y** significa **aquí**. Y va también delante del verbo: *Ella irá a Francia el año que viene; irá (allí) en avión.* → **Elle va en France l'année prochaine ; elle y va en avion.**
- **Observación:** en la forma negativa, **ne** se convierte en **n'** delante de **en** e **y** (sonido vocálico): **Je n'en ai pas.** = *No tengo (de ello).*

10 Completa los espacios en blanco con EN o Y según el contexto.

a. As-tu des livres ?
Oui j'............. ai.

b. Est-il passé au bureau ?
Oui, il .... est allé.

c. As-tu acheté des poires ?
Non, je n'................... ai pas acheté.

d. Avons-nous des stylos noirs ?
Oui, nous .... avons.

e. Jacques était-il au magasin ?
Non, il n'................... était pas.

¡Felicidades! ¡Has completado el capítulo 7! Es el momento de sumar los iconos y escribir el resultado en la página 128 para tu evaluación final.

Números y horas

Números cardinales

Los números cardinales **(cardinaux)** son los números que se usan para contar.

- **Un** es el único número cardinal que concuerda en género: **Un lapin – Une tortue.**
- **Vingt** y **cent** añaden una **s** cuando no van seguidos de otro número pero sí precedidos por otro:

Quatre-vingts → Quatre-vingt-douze ; Deux cents → Deux cent cinquante.

- **Mille** no añade nunca una **s**.

1 ¿Recuerdas los números cardinales? Completa los espacios en blanco.

1	*un/une*
2	*deux*
3	*trois*
4	*quatre*
5	*cinq*
6	*six*
7	*sept*
8	
9	*neuf*
10	*dix*
11	*onze*
12	*douze*
13	*treize*
14	
15	*quinze*
16	*seize*
17	*dix-sept*
18	*dix-huit*

19	*dix-neuf*
20	*vingt*
21	
22	*vingt-deux*
30	*trente*
31	*trente et un*
32	*trente-deux*
40	*quarante*
41	*quarante et un*
42	*quarante-deux*
50	
70	
74	*soixante-quatorze*
75	*soixante-quinze*
76	
77	*soixante-dix-sept*
78	*soixante-dix-huit*
79	*soixante-dix-neuf*

80	
81	*quatre-vingt-un*
82	*quatre-vingt-deux*
90	
91	*quatre-vingt-onze*
92	*quatre-vingt-douze*

100	*cent*
101	*cent un*
102	*cent deux*
200	
201	*deux cent un*
202	*deux cent deux*
1 000	*mille*
2 000	
2 001	*deux mille un*
2 002	*deux mille deux*
100 000	*cent mille*
1 000 000	*un million*

2 Relaciona las operaciones de la izquierda con sus respuestas en la derecha.

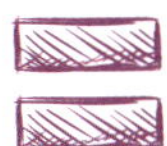

2 + 5	=	quatre-vingts
10 x 8	=	vingt et un
9 x 2	=	soixante-treize
10 000 : 10	=	sept
51 + 22	=	soixante-quatorze
30 – 9	=	mille
35 + 39	=	trente-six
216 : 6	=	dix-huit

3 Uno de los siguientes números es diferente de los demás, ¿cuál?

douze

cinquante-deux

cent quarante-six

cinq cent quatre-vingt-huit

onze

mille huit cents

six

Números ordinales

Los números ordinales muestran el rango o posición (primero, segundo...).

Observación: la forma femenina de **premier** es **première: le premier livre que j'ai lu ; la première fille que j'ai vue.**

 **¿Recuerdas los números ordinales? Completa los espacios en blanco.** 

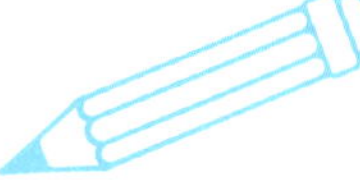

1er	*premier*	12e	*douzième*	23e	*vingt-troisième*
2e	*deuxième*	13e	*treizième*	24e	*vingt-quatrième*
3e	*troisième*	14e	*quatorzième*	25e	*vingt-cinquième*
4e		15e	*quinzième*	26e	
5e	*cinquième*	16e		27e	*vingt-septième*
6e	*sixième*	17e		28e	*vingt-huitième*
7e	*septième*	18e	*dix-huitième*	29e	*vingt-neuvième*
8e	*huitième*	19e	*dix-neuvième*	30e	*trentième*
9e		20e	*vingtième*	40e	*quarantième*
10e	*dixième*	21e		70e	*soixante-dixième*
11e	*onzième*	22e	*vingt-deuxième*	100e	*centième*
				1 000e	

Ordena las siguientes letras y escribe los números ordinales que representan.

a. ÈAURIAMEQTN = ___________

b. TNGUMENNEÈTCVIVIE = ____ _____-________

c. RREEIMP = _______

d. ÈONIEMXISAT = ___________

e. MMELIÈIL = ________

f. RITTEÈEMN = _________

Días y meses

Al igual que en español, los días y los meses son siempre masculinos y no se escriben en mayúscula (salvo si van a principio de frase).

6 ¿Recuerdas los días de la semana?

Lundi

....

Mercredi

....

Vendredi

....

....

7 ¿Recuerdas los meses del año?

Janvier

....

Mars

....

Mai

....

Juillet

....

Septembre

....

Novembre

....

8 Traduce las siguientes frases al español.

a. J'ai vu Jean-Philippe avant-hier.

= ....

b. Qu'as-tu fait le lendemain ?

= ....

c. Veux-tu aller au cinéma vendredi prochain ?

= ....

d. Marie a vu ce film mardi dernier.

= ....

e. Il fait vraiment beau aujourd'hui !

= ....

Algunas palabras y frases útiles

El lunes = **lundi**

Los lunes = **le lundi**

Ayer = **hier**

Hoy = **aujourd'hui**

Mañana = **demain**

El martes pasado = **mardi dernier**

El próximo jueves = **jeudi prochain**

El día anterior = **la veille**

El día siguiente = **le lendemain**

Pasado mañana = **après-demain**

Anteayer = **avant-hier**

¿Que hora es? (*Quelle heure est-il ?*)

Il est ... = *Es ... / Son ...*

midi = *mediodía*

minuit = *medianoche*

deux heures = *las dos*

trois heures et quart = *las tres y cuarto*

quatre heures et demie = *las cuatro y media*

cinq heures moins le quart = *las cinco menos cuarto*

six heures dix = *las seis y diez*

sept heures moins vingt = *las siete menos veinte*

À l'heure = *a la hora*

À temps = *a tiempo*

Un quart d'heure = *un cuarto de hora*

Une demie-heure = *media hora*

À sept heures du matin = *a las siete de la mañana*

À sept heures de l'après-midi = *a las siete de la tarde*

À sept heures du soir = *a las siete de la tarde*

9 Escribe en letras la hora que marca cada reloj.

a. Quelle heure est-il ?
Il est (13h15)
....

d. Quelle heure est-il ?
Il est (20h40)
....

b. Quelle heure est-il ?
Il est (16h30)
....

e. Quelle heure est-il ?
Il est (10h25)
....

c. Quelle heure est-il ?
Il est (4h45)
....

10 Mira la agenda de M. Dupouy y completa los espacios en blanco de la página siguiente escribiendo las horas correspondientes en letras.

Lundi 3 mai	Mardi 4 mai	Mercredi 5 mai
9h00 : Réunion au bureau	**9h30 :** Rendez-vous Dr Garrant	**8h20 :** Petit déjeuner d'affaires
	11h00 : Réunion à La Défense	
12h30 : Déjeuner avec M. Gosseaume	**12h20 :** Déjeuner avec Bastian à Montmartre	**13h45 :** Conférence à Dijon
14h10 : Présentation nouveau produit	**14h15 :** Aéroport Retour Dijon	
18h25 : Aéroport départ pour Paris	**19h00 :** Dîner avec Marie	**18h00 :** Réunion parents d'élèves

Lundi à ______________ M. Dupouy doit se rendre à une réunion qui a lieu au bureau. À ______________, il déjeune avec M. Gosseaume à la Brasserie Dijonnaise puis à ______________, il participe à la présentation du nouveau produit de la compagnie. Le soir même, à ______________, il prend l'avion pour Paris.

Le lendemain, M. Dupouy a un rendez-vous avec Dr Garrant à ______________, suivi d'une réunion à La Défense à ______________. Il doit déjeuner à Montmartre à ______________ avec son ami Bastian puis se rendre à l'aéroport pour son vol de ______________. Il dîne avec sa femme, Marie à ______________.

Le mercredi, M. Dupouy a un déjeuner avec un collaborateur à ______________ puis il doit se rendre à une conférence à ______________ à Dijon. À ______________, il doit aller à l'école de son fils pour rencontrer l'instituteur.

11 Responde a las siguientes adivinanzas.

a. Lundi, Louis dépense la moitié de son argent ; mardi, il dépense le tiers de ce qu'il reste ; mercredi, il a 30 €. Combien avait Louis lundi ?

....

b. Dans sa tirelire, Élise a des pièces de 50 cents et de 20 cents. En tout, elle a 4 €. Combien a-t-elle de pièces de 50 cents sachant qu'il y a 16 pièces en tout ?

....

c. Un fermier a des poules et des lapins. En examinant tous les animaux, il voit 5 têtes et 16 pattes. Combien y a-t-il de lapins et de poules ?

....

d. Marc cuisine 8 tartelettes en 40 minutes. Combien de temps lui faut-il pour préparer 160 tartelettes ?

....

¡Felicidades! ¡Has completado el capítulo 8! Es el momento de sumar los iconos y escribir el resultado en la página 128 para tu evaluación final.

Presente

El presente (*Le présent*)

- El presente se utiliza para hablar de una acción o estado del ser en el presente, de acciones habituales, de una verdad general, de un futuro cercano o para hablar de una acción o estado que sucedió en el pasado pero que todavía continúa en el presente.
- La mayoría de los verbos forman el presente añadiendo las terminaciones regulares al final de su raíz (el infinitivo sin la terminación).
- Hay tres grupos de verbos: el 1.er grupo cuyo infinitivo termina en **-er**; el 2.º grupo que acaba en **-ir**; y el 3.er grupo que acaba en **-re**, **-ir** o en **-oir** (verbos irregulares).

Verbos regulares que acaban en -er

J'	aime
Tu	aimes
Il/Elle	aime
Nous	aimons
Vous	aimez
Ils/Elles	aiment

1 Subraya el pronombre sujeto correcto.

a. **Je / Tu / Nous** marches vite.

b. **Tu / Nous / Elles** chantent sous la pluie.

c. **Je / Vous / Ils** porte des chaussures.

d. **Elle / Nous / Ils** aidons les sans-abris.

e. **Tu / Nous / Vous** dansez très bien !

f. **Je / Tu / Ils** pensent trop !

2 Subraya la forma correcta del verbo.

a. Les touristes **visites / visitent** le musée.

b. Tu **portes / portons** une jolie jupe.

c. Nous **aimons / aiment** la musique classique.

d. À quelle heure **arrive / arrivez** -vous ?

e. Il **chante / chantes** très bien.

3 Conjuga los siguientes verbos en presente.

a. Je .... **(travailler)** dans l'informatique.

b. Tu .... **(visiter)** ce musée souvent ?

c. Il .... **(débuter)** le travail à 10 heures.

d. Nous .... **(dessiner)** ce château régulièrement.

e. Vous ne .... **(monter)** pas les escaliers ?

f. Elles .... **(parler)** trop vite !

Verbos irregulares en -er

La irregularidad puede darse en la raíz del verbo o el verbo conjugado puede tener una forma completamente diferente.

- **Cambios de letras**
  - Los verbos acabados en **-cer** añaden una cedilla a la forma **nous**: **Nous remplaçons les ampoules.**
  - Los verbos que acaban en **-ger** añaden una **-e** a la forma **nous**: **Nous rangeons notre chambre.**
- **Los verbos en -eter, -eler, é(.)er y -yer**
  La raíz de estos verbos solo cambia en esas personas (**je / tu /il/elle / ils/elles**):
  - Verbos como **acheter**: **e > è = j'achète**
  - Verbos como **appeler**: **l > ll = elle appelle**
  - Verbos como **espérer**: **é > è = elles espèrent**
  - Verbos como **nettoyer**: **y > i = tu nettoies**
- **Observación: Aller** (*ir*) es el único verbo acabado en **-er** que es completamente irregular en francés.

4 Subraya la forma correcta del verbo.

a. Nous **achètons / achetons** des pizzas tous les samedis.

b. Qui **appellent / appelent**-ils ?

c. Il **jette / jète** ses vieilles chaussures.

d. Vous **espérez / espèrez** encore voir Brad Pitt !

e. Nous **envoieons / envoyons** la lettre.

5 Conjuga los siguientes verbos irregulares según las reglas anteriores.

a. Nous .... (commencer) la réunion à 10 heures.

b. Je .... (préférer) le pain complet.

c. Nous .... (manger) au restaurant ce midi.

d. Tu te .... (rappeler) le dernier livre que tu as lu ?

e. Elle lui .... (envoyer) une lettre chaque semaine.

Verbos regulares en -ir

Je	finis
Tu	finis
Il/Elle	finit
Nous	finissons
Vous	finissez
Ils/Elles	finissent

 **Conjuga los siguientes verbos en presente.** 

a. Tu .... **(choisir)** d'étudier l'anglais ?

b. Nous .... **(réussir)** toujours les examens d'histoire.

c. Elle .... **(maigrir)** à vue d'œil !

d. Jacques .... **(punir)** souvent son fils.

e. Vous ne .... **(réfléchir)** pas assez !

 **Subraya la forma correcta del verbo.** 

a. Je **choisi / choisis** toujours la mauvaise caisse au supermarché !

b. Nous **finons / finissons** souvent avant le reste de la classe.

c. Vous **bâtez / bâtissez** une nouvelle maison ?

d. Ils **réussent / réussissent** toujours à éviter de faire la vaisselle !

e. Tu **remplis / remplit** trop mon verre !

Verbos regulares en -RE

Je	vends
Tu	vends
Il/Elle	vend
Nous	vendons
Vous	vendez
Ils/Elles	vendent

8 **Conjuga los siguientes verbos regulares en -RE.** 

a. Tu .... (descendre) au prochain arrêt ?

b. Vous .... (perdre) toujours de l'argent au casino !

c. Sophie et Marc .... (vendre) de très jolies fleurs dans leur magasin.

d. Nous .... (défendre) souvent notre sœur.

e. Ils n'................. (entendre) pas la cloche de l'église !

Verbos irregulares en -RE, -IR y -OIR

- Hay cinco modelos de verbos irregulares en **-RE**:

Prendre *(coger)*: je prends, tu prends, il/elle prend-, nous prenons, vous prenez, ils/elles prennent (se elimina la **d** en todas las personas del plural y se dobla la **n** en la 3.ª del plural).

Battre *(golpear)*: je bats, tu bats, il/elle bat-, nous battons, vous battez, ils/elles battent (se elimina una **t** en las personas del singular).

Mettre *(poner)*: je mets, tu mets, il/elle met-, nous mettons, vous mettez, ils/elles mettent (como *battre* pero se conjuga de diferente manera en el pasado simple, en el participio pasado y en el imperfecto de subjuntivo).

Rompre *(romper)*: je romps, tu romps, il/elle rompt, nous rompons, vous rompez, ils/elles rompent (la 3.ª persona del singular añade una **-t**).

- Verbos en **-AINDRE (craindre)** y **-EINDRE (peindre)**: je crains, tu crains, il/elle craint, nous craignons, vous craignez, ils/elles craignent (se elimina la **-d** en todas las personas y se añade una **-g** delante de la **-n** en todas las personas del plural).
- Todos los demás verbos irregulares en **-RE** deberás aprenderlos de memoria por separado. Aquí tienes algunos de uso frecuente:

Aquí tienes algunos de uso frecuente.
Boire *(beber)*: je bois, tu bois, il/elle boit, nous buvons, vous buvez, ils/elles boivent.

Connaître *(conocer)*: je connais, tu connais, il/elle connaît, nous connaissons, vous connaissez, ils/elles connaissent.

Courir *(correr)*: je cours, tu cours, il/elle court, nous courons, vous courez, ils/elles courent.

Croire *(creer)*: je crois, tu crois, il/elle croit, nous croyons, vous croyez, ils/elles croient.

Devoir *(deber)*: je dois, tu dois, il/elle doit, nous devons, vous devez, ils/elles doivent.

Dire *(decir)*: je dis, tu dis, il/elle dit, nous disons, vous dites, ils/elles disent.

Faire *(hacer)*: je fais, tu fais, il/elle fait, nous faisons, vous faites, ils/elles font.

Falloir *(hacer falta)*: il faut.

Lire *(leer)*: je lis, tu lis, il/elle lit, nous lisons, vous lisez, ils/elles lisent.

Pouvoir *(poder)*: je peux, tu peux, il/elle peut, nous pouvons, vous pouvez, ils/elles peuvent.

Savoir *(saber)*: je sais, tu sais, il/elle sait, nous savons, vous savez, ils/elles savent.

Tenir *(sostener)*: je tiens, tu tiens, il/elle tient, nous tenons, vous tenez, ils/elles tiennent.

Venir *(venir)*: je viens, tu viens, il/elle vient, nous venons, vous venez, ils/elles viennent.

Voir *(ver)*: je vois, tu vois, il/elle voit, nous voyons, vous voyez, ils/elles voient.

Vouloir *(querer)*: je veux, tu veux, il/elle veut, nous voulons, vous voulez, ils/elles veulent.

9 Elige el verbo correcto.

a. Où .... -tu les sacs de voyage ?

b. ....-vous à quelle heure part le train ?

c. Nous .... voyager en avion cette fois-ci.

d. ....-tu porter cette valise, s'il te plaît ?

e. Nous .... aller au terminal 1 ou au terminal 2 ?

f. Je ne .... pas notre porte de départ !

Verbos reflexivos (*Les verbes pronominaux*)

- Recuerda que el pronombre reflexivo concuerda con el sujeto.
- **Observación:** delante de una vocal o de una **h** muda **me, te** y **se** se convierten en **m', t'** and **s'**.

10 Subraya el pronombre correcto (la acción recae sobre la misma persona).

a. Je **me / te / se** douche tous les matins.

b. Elle **me / te / se** brosse les dents deux fois par jour.

c. Nous **nous / vous / se** lavons les mains constamment !

d. Vous **nous / vous / se** rongez encore les ongles !

e. Ils **nous / vous / s'** habillent à 7h15 tous les jours.

El imperativo (*L'impératif*)

- El imperativo se utiliza para formular una orden o una petición. Se forma con el tiempo presente y eliminando el sujeto.
- El imperativo solo tiene tres formas que corresponden con las de **tu**, **nous** y **vous** del presente.

Tu	**Prends le parapluie**	*Coge el paraguas*
Nous	**Prenons le parapluie**	*Cojamos el paraguas*
Vous	**Prenez le parapluie**	*Coged/Coja/Cojan el paraguas*

- También se debe eliminar la **-s** final de la segunda persona del singular en los verbos en **-er**: **Chante/Ne chante pas!**
- También hay, por supuesto, algunas excepciones en las que se debe utilizar el presente de subjuntivo.

Avoir	**Être**	**Vouloir**
Aie	Sois	*(—)*
Ayons	Soyons	*(—)*
Ayez	Soyez	Veuillez

11 Conjuga los siguientes verbos entre paréntesis en la forma imperativa.

Ej.: (écrire/tu) sur le cahier. → Écris sur le cahier.

a. .... **(écouter/tu)** le professeur !

b. Ne .... **(regarder/vous)** pas par la fenêtre, mais .... **(lire/vous)** votre livre !

c. .... **(arrêter/tu)** de parler avec ton voisin !

d. .... **(rendre/nous)** nos copies. Le test est terminé.

e. .... **(prendre/vous)** vos livres et .... **(ouvrir)**-les à la page 47.

El imperativo con pronombres objeto

En peticiones afirmativas, los pronombres objeto van detrás del verbo y unidos a él por un guion: **Range-les ! Vendez-la !**

12 Pon el verbo en imperativo y añádele el pronombre apropiado.

Ej.: Tu vois le titre? (souligner) → Souligne-le.

a. Tu vois le poème ? .... (apprendre).

b. Vous voyez les livres ? .... (ranger).

c. Tu vois la raquette de tennis ? .... (prendre).

d. Nous voyons les ordinateurs. .... (éteindre).

e. Vous voyez le poster ? .... (accrocher).

¡Felicidades! ¡Has completado el capítulo 9! Es el momento de sumar los iconos y escribir el resultado en la página 128 para tu evaluación final.

10
Infinitivo y pretérito perfecto

El infinitivo *(L'infinitif)*

- El infinitivo es la forma básica del verbo. En francés hay tres tipos de infinitivos:
  – primer grupo: **-er (aimer).**
  – segundo grupo: **-ir (finir).**
  – tercer grupo: **-re, -ir** o **-oir (vendre, dormir, voir).**

Saber a qué grupo pertenece el verbo te ayudará a saber cómo se forman los otros tiempos de los verbos regulares.

- **Observación:** para hacer un infinitivo negativo, coloca **ne pas** delante de él: **ne pas manger**.
- En francés, al igual que en español, cuando un verbo va seguido de otro, el segundo está siempre en infinitivo: **Je dois aller au bureau**.

ER re ir oir re ir er

1 Escribe el infinitivo de los verbos subrayados.

a. J'ai mangé trop de gâteaux !

➜ ....

b. Ils ont bu toute la limonade !

➜ ....

c. Où vas-tu ce matin ?

➜ ....

d. Je dormirai dans le salon.

➜ ....

e. Je voudrais bien gagner au loto !

➜ ....

2 ¿Primer, segundo o tercer grupo? Marca la columna correcta.

	1.er grupo	2.o grupo	3.er grupo
Chanter	☐	☐	☐
Punir	☐	☐	☐
Rendre	☐	☐	☐
Écouter	☐	☐	☐
Pleuvoir	☐	☐	☐
Grandir	☐	☐	☐
Devenir	☐	☐	☐
Danser	☐	☐	☐
Apprendre	☐	☐	☐

Participio pasado (*Le participe passé*)

- El participio pasado de los verbos regulares se forma eliminando la terminación del infinitivo y añadiendo el sufijo adecuado del participio pasado, según el grupo al que pertenece el verbo.
- Algunos verbos como **aller** o **faire** son irregulares.

- El participio pasado se puede utilizar como adjetivo (**je suis fatigué**) o como verbo (**j'ai vu**).

Formación de los participios pasados

	Inf.	Terminación / Tipo	Quitar	Añadir	Part. pasado
1.er grupo	**Aimer**	*-er*	*-er*	*-é*	*donné*
2.º grupo	**Finir**	*-ir*	*-ir*	*-i*	*fini*
3.er grupo	**Vendre**	*-re*	*-re*	*-u*	*vendu*

3 Completa la siguiente tabla. 

	INFINITIVO	PARTICIPIO PASADO
Nous étudions le français.	Étudier	Étudié
a. Il déteste les chats !	....	....
b. Nous dînons généralement tôt.	....	....
c. Elle aime beaucoup le théâtre.	....	....
d. J'écoute mon CD préféré.	....	....
e. Sophie perd régulièrement ses clés !	....	....
f. Prends-tu le train tous les matins ?	....	....

4 Escribe el participio pasado de estos verbos irregulares.

a. Hier, nous avons .... **(apprendre)** une nouvelle leçon !

b. Il m'a .... **(offrir)** un magnifique bouquet de roses !

c. Elle a .... **(vouloir)** rentrer tôt à la maison.

d. Nous avons .... **(pouvoir)** rencontrer le chanteur du groupe.

e. Vous avez .... **(faire)** vos devoirs ?

Concordancia con « être » y « avoir »

- El participio pasado de un verbo con **avoir** solo concuerda con el objeto directo cuando este va delante del verbo: **J'ai envoyé la lettre hier. – Je l'ai envoyée hier.**
- No hay concordancia cuando el objeto directo va detrás del verbo.
- El participio pasado de un verbo con **être** concuerda con el sujeto en género y número: **Elle est allée au théâtre. – Elles sont allées au théâtre.**

5 Escribe la forma correcta de los siguientes participios con AVOIR.

a. Elles ont .... (lire) tous les livres.

b. Elles les ont tous .... (lire).

c. Nous avons .... (copier) toutes les pages.

d. Nous les avons toutes ....(copier).

e. Elle n'a pas .... (pleurer) longtemps.

6 Escribe la forma correcta de los siguientes participios con ÊTRE.

a. Elle est .... **(aller)** en ville avec Sonia.

b. Clarèle et moi sommes .... **(rentrer)** à midi.

c. Éléanore et Audrey sont .... **(partir)** après le film.

d. Alain n'est pas .... **(arriver)**.

e. Jean-Luc et Jérôme sont .... **(venir)** à 18 heures.

Concordancia con verbos reflexivos

- El participio pasado de un verbo reflexivo sigue las mismas reglas que el participio pasado de un verbo con **avoir**.
- Si el pronombre reflexivo es un objeto indirecto, no hay concordancia:

Elle	**s'**	**est**	**lavée.**
sujeto	*pronombre reflexivo*	*être*	*part. pasado*
Elle	**s'**	**est**	**lavé les mains.**
sujeto	*+ pronombre reflexivo / objeto indirecto*	*+ être*	*+ objeto directo*

7 Completa los espacios en blanco con las siguientes opciones.

a. Ils se sont encore .... !

b. Elles se sont .... leurs adresses.

c. Elle s'est .... le doigt.

d. Elles se sont .... devant la télé.

e. Ils se sont .... pendant de longues minutes.

disputés

endormies

El pretérito perfecto *(Le passé composé)*

- El pretérito perfecto se utiliza para describir acciones o hechos ocurridos una o varias veces en el pasado pero que no son habituales y que han acabado por completo.
- También se utiliza para hablar sobre el tiempo en un momento específico del pasado (**Il a plu vendredi dernier**). El pretérito perfecto se forma con el verbo **avoir** o el verbo **être** + el participio pasado del verbo.

Verbos que van con « être » en el pretérito perfecto

- Para formar el pretérito perfecto con **être**, necesitas el presente de **être** + el participio pasado del verbo.
- Recuerda que cuando formas el pretérito perfecto con **être**, el participio pasado concuerda con el sujeto del verbo.
- Solo un número limitado de verbos llevan **être** como verbo auxiliar en el pretérito perfecto.

Aller (allé) – Arriver (arrivé) – Descendre (descendu) – Entrer (entré) – Monter (monté) – Mourir (mort) – Naître (né) – Partir (parti) – Rentrer (rentré) – Rester (resté) – Retourner (retourné) – Sortir (sorti) – Tomber (tombé) – Venir (venu)

8 Relaciona el sujeto con su auxiliar y su verbo.

1. J'
2. Nous
3. Tu
4. Elles
5. Vous
6. Ils

a. avons vu ta sœur ce matin.
b. ont rangé leur chambre.
c. ai gagné la course !
d. êtes restés au parc toute la journée ?
e. es rentrée à quelle heure ?
f. sont allées au marché ce matin.

 **Subraya la forma correcta del participio pasado.** 

a. Nous avons **regardé / regardés / regardées** la télévision toute la nuit !

b. Elles sont **entré / entrés / entrées** par la porte de secours.

c. J'ai **mis / mise / mises** la voiture dans le garage.

d. Tu as **vu / vus / vues** l'éclipse hier soir ?

e. Samuel et Laurence ont **écouté / écoutés / écoutées** la radio pendant deux heures !

f. Nous avons **pris / prise / prises** un taxi pour rentrer.

10 Convierte los infinitivos en pretéritos perfectos (con ellas) y encuentra el orden cronológico correcto.

a. rester deux heures au restaurant.

b. arriver à la gare à six heures.

c. rentrer à l'hôtel se coucher.

d. déposer leurs bagages dans la chambre.

e. téléphoner à l'hôtel pour réserver une chambre.

f. demander au concierge l'adresse d'un bon restaurant.

1. Elles sont arrivées à la gare à six heures.

2. ....

3. ....

4. ....

5. ....

6. ....

¡Felicidades! ¡Has completado el capítulo 10! Es el momento de sumar los iconos y escribir el resultado en la página 128 para tu evaluación final.

11 Futuro

El futuro (*Le futur*)

- El futuro se utiliza para hablar de una acción o estado del ser que sucederá en el futuro.
- ¡Una buena noticia! Todos los verbos, ya sean regulares o irregulares, llevan los mismos sufijos en futuro. Los verbos en **-ER** e **-IR** añaden estas terminaciones al infinitivo y los verbos en **-RE** primero eliminan la **-e** del infinitivo y luego añaden las terminaciones.

	AIMER	FINIR	VENDRE
Je/J'	aimer<u>ai</u>	finir<u>ai</u>	vendr<u>ai</u>
Tu	aimer<u>as</u>	finir<u>as</u>	vendr<u>as</u>
Il/Elle	aimer<u>a</u>	finir<u>a</u>	vendr<u>a</u>
Nous	aimer<u>ons</u>	finir<u>ons</u>	vendr<u>ons</u>
Vous	aimer<u>ez</u>	finir<u>ez</u>	vendr<u>ez</u>
Ils/Elles	aimer<u>ont</u>	finir<u>ont</u>	vendr<u>ont</u>

1 Completa los espacios con el verbo conjugado adecuado.

a. Demain, quand le réveil sonnera, je .... mon maillot de bain.

b. Nous .... au restaurant pour prendre notre petit déjeuner.

c. Comme tous les matins, le serveur nous .... notre cappuccino.

d. Tu .... une salade de fruits frais.

e. Nous nous .... dans l'océan turquoise.

2 **Conjuga los siguientes verbos en futuro.** 

a. Nous .... **(danser)** toute la nuit !

b. Vous ..... **(choisir)** quoi comme vin, messieurs-dames ?

c. .... **(prendre)**-tu de l'eau ?

d. Elles .... **(chanter)** longtemps à la soirée karaoké.

e. Il .... **(rentrer)** tard, c'est sûr !

Verbos irregulares en futuro

Algunos verbos no utilizan el infinitivo como raíz. Aquí tienes una lista alfabética de algunos de ellos:

Aller *(ir)*: j'irai, tu iras, il/elle ira, nous irons, vous irez, ils/elles iront.

Avoir *(haber, tener)*: j'aurai, tu auras, il/elle aura, nous aurons, vous aurez, ils/elles auront.

Courir *(correr)*: je courrai, tu courras, il/elle courra, nous courrons, vous courrez, ils/elles courront.

Devoir *(deber)*: je devrai, tu devras, il/elle devra, nous devrons, vous devrez, ils/elles devront.

Envoyer *(enviar)*: j'enverrai, tu enverras, il/elle enverra, nous enverrons, vous enverrez, ils/elles enverront.

Être *(ser/estar)*: je serai, tu seras, il/elle sera, nous serons, vous serez, ils/elles seront.

Faire *(hacer)*: je ferai, tu feras, il/elle fera, nous ferons, vous ferez, ils/elles feront.

Mourir *(morir)*: je mourrai, tu mourras, il/elle mourra, nous mourrons, vous mourrez, ils/elles mourront.

Pouvoir *(poder)*: je pourrai, tu pourras, il/elle pourra, nous pourrons, vous pourrez, ils/elles pourront.

Savoir *(saber)*: je saurai, tu sauras, il/elle saura, nous saurons, vous saurez, ils/elles sauront.

Tenir *(sostener)*: je tiendrai, tu tiendras, il/elle tiendra, nous tiendrons, vous tiendrez, ils/elles tiendront.

Venir *(venir)*: je viendrai, tu viendras, il/elle viendra, nous viendrons, vous viendrez, ils/elles viendront.

Voir *(ver)*: je verrai, tu verras, il/elle verra, nous verrons, vous verrez, ils/elles verront.

Vouloir *(querer)*: je voudrai, tu voudras, il/elle voudra, nous voudrons, vous voudrez, ils/elles voudront.

3 Lee la anterior lista de los verbos irregulares, tápala y señala la respuesta correcta.

1. Ta lettre est géniale. L' .... -tu à Stéphanie ?
a. ☐ envoya b. ☐ enverra c. ☐ enverras

2. On s'est bien amusées aujourd'hui ! Que ....-nous demain ?
a. ☐ faisions b. ☐ ferons c. ☐ ferrons

3. Cet hôtel est fantastique ! .... -vous à nouveau l'année prochaine ?
a. ☐ Viendrez b. ☐ Viendriez c. ☐ Veniez

4. Le trajet est facile. .... -vous retrouver la route ?
a. ☐ saurai b. ☐ saurez c. ☐ sauriez

5. Quelle journée bien remplie ! Où .... -nous après le restaurant ?
a. ☐ allions b. ☐ allons c. ☐ irons

4 Conjuga los siguientes verbos en futuro.

a. Demain à la même heure, je .... **(être)** à la plage !

b. Sandrine, ... **(avoir)**-tu ton téléphone portable avec toi au restaurant ?

c. Vous .... **(voir)** ! La piscine de l'hôtel est formidable !

d. .... **(pouvoir)**-nous faire garder notre petite-fille ?

e. Nos filles .... **(aller)** en excursion la semaine prochaine !

5 Subraya los 10 verbos conjugados en futuro en el siguiente texto.

« Marie est très heureuse. Demain, Charles arrivera par le train, un bouquet à la main, prêt à l'épouser. Ils se regarderont et à cet instant précis, se reconnaîtront, pour la vie. Pour le meilleur, et pour le pire. Ils voyageront autour du monde, visiteront tous ces pays dont ils ont parlé sans se lasser. Ils pourront parler sans interruption. Qui sait ? Ils se marieront ; auront des enfants, peut-être. Et vivront dans la paix, sans cette guerre qui a ravagé leur pays. Enfin. Le bonheur. Qui pourrait les en empêcher ? Ils seront ensemble, unis, contre tous. »

El presente como futuro

- Como en español, para expresar el futuro, puedes utilizar simplemente el presente: **Demain, je mange au restaurant.** = *Mañana como en un restaurante.*

- **Aller (presente) + infinitivo**
En lugar de utilizar el futuro de un verbo, puedes utilizar, al igual que en español, el verbo **aller** (*ir a*) en presente seguido de un verbo en infinitivo para indicar que algo va a ocurrir: **Je vais prendre l'avion demain.** = *Voy a coger el avión mañana*; **Il va observer les étoiles ce soir.** = *Va a mirar las estrellas esta noche.*

6 ¿Recuerdas cómo se conjuga ALLER en presente? ¡Demuéstralo!

Completa la siguiente tabla.

a. Je ....

b. Tu ....

c. Il/Elle ....

d. Nous ....

e. Vous ....

f. Ils/Elles ....

7 Subraya la forma correcta de ALLER en las siguientes frases en el futuro con ALLER (presente) + infinitivo.

a. Nous allions / allons / irons voir le nouveau film de Jean Dujardin demain !

b. Allez / Alliez / Irez-vous assister au spectacle ?

c. Je ne allez / irai / vais pas manger chez Chloé demain midi.

d. Il va / allait / irait encore manger du chocolat en cachette !

e. Quand vas / iras / allé -tu aller poster les cartes de Noël ?

8 Convierte los siguientes verbos en futuro con ALLER (presente) + infinitivo.

a. Dépêchez-vous ! Le spectacle .... (aller + commencer) !

b. Ta voiture est en panne ? Pas de problème ! Je .... te .... (aller + conduire) au garage.

c. Le ciel se couvre : je pense qu'il .... (aller + pleuvoir).

d. Les Lagrange .... (aller + visiter) le Vietnam au mois d'août.

e. .... -vous .... (aller + partir) en vacances cette année ?

Aller (presente) + infinitivo y la forma negativa

- **Ne** se coloca delante de **aller** y **pas** detrás: **Elle ne va pas aller au cinéma ce soir**.
- Esta misma regla sirve para los verbos reflexivos: **Il ne va pas se lever à huit heures demain matin**.

9 Convierte las siguientes frases en negativas.

a. Je vais suivre des cours à l'université.

→ ....

b. Julie va passer son permis de conduire la semaine prochaine.

→ ....

c. Elles vont se promener en ville cet après-midi.

→ ....

d. Allez-vous rentrer à dix heures ce soir ?

→ .... ?

e. Tu vas rester à la maison demain ?

→ .... ?

Futuro después de algunas locuciones

A diferencia del español, que utiliza el subjuntivo, después de algunas locuciones como **aussitôt que** y **dès que** *(tan pronto como)*, **quand**, **lorsque** *(cuando)*, **tant que** *(en tanto que)*, **pendant que** y **tandis que** *(mientras que)*, en francés se utiliza el futuro: **Je dormirai lorsqu'il arrivera**.

10 Conjuga los siguientes verbos en futuro.

a. Je .... **(partir)** quand Alexandre .... **(arriver).**

b. Dorian .... **(aller + aller)** chez son frère demain après-midi.

c. Élise .... **(être)** déçue lorsqu'elle .... **(apprendre)** que Corentin ne vient pas.

d. Nous .... **(venir)** tous en vacances avec vous l'année prochaine ! Plus on est de fous, plus on rit !

e. Que .... **(faire)**-tu demain à cette heure-ci ?

¡Felicidades! ¡Has completado el capítulo 11! Es el momento de sumar los iconos y escribir el resultado en la página 128 para tu evaluación final.

Pretérito imperfecto y condicional

El pretérito imperfecto (*L'imparfait*)

- El pretérito imperfecto se utiliza para describir cosas que solían ocurrir con regularidad en el pasado: **Quand j'étais petite, j'allais chez mon grand-père tous les mercredis**. (*Cuando era pequeña, solía ir a casa de mi abuelo todos los miércoles*).
- También se usa para decir cómo era algo en el pasado: **Il y avait beaucoup de monde au marché**. (*Había mucha gente en el mercado*).
- Además, el imperfecto sirve para describir estados físicos y emocionales tales como el tiempo, el clima, la edad o los sentimientos: **Il faisait beau lorsque nous étions en vacances**. (*Hizo buen tiempo cuando estábamos de vacaciones*).
- Se construye a partir de la forma de la primera persona del plural (**nous**) del presente, eliminando la terminación **-ons** y añadiendo las siguientes terminaciones: **-ais, -ais, -ait, -ions, -iez, -aient**.

- **Observación:** los verbos irregulares siguen la misma regla que los verbos regulares.
- **Recuerda:** las terminaciones del imperfecto son siempre las mismas.

	Presente	Imperfecto
Je	finis	finissais
Tu	finis	finissais
Il/Elle	finit	finissait
Nous	finissons	finissions
Vous	finissez	finissiez
Ils/Elles	finissent	finissaient

	Presente	Imperfecto
Je	fais	faisais
Tu	fais	faisais
Il/Elle	fait	faisait
Nous	faisons	faisions
Vous	faites	faisiez
Ils/Elles	font	faisaient

1 **Convierte los siguientes infinitivos en la forma NOUS del presente y después en el imperfecto correspondiente a cada persona.**

Ej.: Venir = Nous venons → Nous venions.

a. **Partir** = Nous .... → Je ....

b. **Aimer** = Nous .... → Ils ....

c. **Croire** = Nous .... → Tu ....

d. **Prendre** = Nous .... → Vous ....

e. **Faire** = Nous .... → Elle ....

2 Elige el verbo apropiado para cada frase. ¡Ojo: hay uno que sobra!

a. Il .... nuit lorsque l'avion a atterri.

b. Nous .... à la plage tous les matins ! Quelles vacances !

c. .... -vous nous voir avant de partir ?

d. Je .... très fatigué.

e. Vous .... tous ensemble ? Vous .... être à l'étroit !

me sentais — habitiez — allions — deviez — vouliez — cuisinait — faisait

3 Convierte el infinitivo que hay entre paréntesis en el imperfecto adecuado.

a. Je .... (savoir) que vous .... (être) en France !

b. Il .... (penser) que tu .... (avoir) deux chats !

c. Nous .... (avoir) les cheveux blonds quand nous .... (être) petits.

d. .... (manger)-tu des pâtes à 3 heures ce matin ?

e. Avant, Caroline .... (appeler) sa sœur tous les soirs.

¿Perfecto o imperfecto?

- El pretérito perfecto se utiliza para acciones acabadas o acontecimientos que sucedieron una vez o varias veces en el pasado.
- El imperfecto se utiliza para acciones o acontecimientos que ocurrieron con frecuencia en el pasado así como para acciones continuas y para descripciones: **J'ai vu ce film l'année dernière** (perfecto) / **Lorsque j'étais jeune, j'allais au cinema tous les samedis !** (imperfecto).
- Estos dos tiempos a menudo se usan juntos. El imperfecto describe cuál era la acción cuando hubo una interrupción (perfecto): **Je dormais** (acción continua) **quand tu as téléphoné** (acción puntual).

4 ¿Perfecto o imperfecto? Marca la columna correcta.

	Passé Composé	Imparfait
a. Je suis allée au théâtre.	☐	☐
b. Il préparait un gâteau au chocolat.	☐	☐
c. Nous mangions au restaurant.	☐	☐
d. Stéphane a vu un renard dans le pré.	☐	☐
e. Marie-Luce dormait à poings fermés.	☐	☐
f. Gwendolyne s'est promenée au parc.	☐	☐
g. Vous avez regardé le film hier soir ?	☐	☐
h. Je lisais mon livre tranquillement.	☐	☐

5 ¿Perfecto o imperfecto? Conjuga los verbos de las siguientes frases.

a. Je .... (faire) la sieste lorsque la voisine .... (sonner) à la porte.

b. Lorsqu'il .... (rentrer), Audrey .... (regarder) la télévision.

c. Il .... (se rendre) à la banque quand il l'a .... (rencontrer).

d. Elles .... (être) en vacances et elles .... (acheter) de très jolis vêtements.

e. Le chat .... (s'apprêter) à bondir lorsque l'oiseau .... (s'envoler).

1. Je visitais l'Italie •
2. Je garais la voiture •
3. Elle plantait de la menthe •
4. Passais-tu ton examen •
5. Il redescendait la montagne •
6. Vous faisiez du ski •

- • **a.** quand il est tombé.
- • **b.** lorsque tu t'es évanouie ?
- • **c.** quand la Peugeot m'est rentrée dedans !
- • **d.** lorsque vous vous êtes rencontrés ?
- • **e.** lorsque j'ai rencontré Lorenzo.
- • **f.** quand elle s'est fait piquer par une araignée.

El condicional simple (*Le conditionnel présent*)

- El condicional se utiliza para expresar lo que podría ocurrir o lo que alguien podría hacer en determinadas condiciones (después de **si**, el verbo va en imperfecto, como se ve más abajo). También se utiliza para expresar una preferencia o deseo o para aconsejar o hacer una sugerencia.
- **Observación: si** se convierte en **s'** cuando va delante de una vocal o de una **h** muda.

Condicional simple

El condicional simple se forma normalmente añadiendo las siguientes terminaciones (las mismas del imperfecto) al infinitivo (para los verbos acabados en **-RE**, se elimina la **-e** de **-RE**):

Je	**regarderais**
Tu	**regarderais**
Il/Elle	**regarderait**
Nous	**regarderions**
Vous	**regarderiez**
Ils/Elles	**regarderaient**

Je	**choisirais**
Tu	**choisirais**
Il/Elle	**choisirait**
Nous	**choisirions**
Vous	**choisiriez**
Ils/Elles	**choisiraient**

Je	**vendrais**
Tu	**vendrais**
Il/Elle	**vendrait**
Nous	**vendrions**
Vous	**vendriez**
Ils/Elles	**vendraient**

 **Convierte los siguientes infinitivos en condicional.** 

a. Je .... (partir) en vacances demain si je le pouvais !

b. Julian .... (finir) sa toile s'il avait le temps !

c. Avec des « si », on .... (mettre) Paris en bouteille !

d. Martine .... (préférer) prendre le train.

e. Hélène et Simon .... (vendre) leur maison très vite s'ils le voulaient !

8 Condicional e imperfecto: conjuga los verbos entre paréntesis.

Ej.: Si je gagnais (imperfecto) au loto, j'achèterais (condicional) une nouvelle voiture.

a. Si tu .... (parler) moins, tu .... (finir) plus vite !

b. Vous .... (s'amuser) vraiment si vous .... (venir) en vacances avec nous !

c. Si Luc le lui .... (demander), Aline .... (aimer) beaucoup l'épouser !

d. Nathan .... (être) heureux si Julie lui ....(écrire) une lettre !

Verbos irregulares con el condicional

Avoir y être

Estas formas son irregulares:

ÊTRE	
Je	serais
Tu	serais
Il/Elle	serait
Nous	serions
Vous	seriez
Ils/Elles	seraient

AVOIR	
J'	aurais
Tu	aurais
Il/Elle	aurait
Nous	aurions
Vous	auriez
Ils/Elles	auraient

Otros verbos irregulares

Se utiliza como raíz la forma del futuro y se añaden las terminaciones del condicional:

Aller → j'ir**ais**
Devoir → je devr**ais**
Faire → je fer**ais**
Pouvoir → je pourr**ais**
Savoir → je saur**ais**
Venir → je viendr**ais**
Voir → je verr**ais**
Vouloir → je voudr**ais**

9 Elige el condicional correcto para cada una de las frases.

a. Je .... mieux si tu allumais la lumière !

b. Lucas .... arrêter de courir : il semble essoufflé.

c. Il .... un miracle pour que Béatrice fasse ses devoirs !

d. Il .... la course s'il avait plus confiance en lui.

e. Il fait si chaud, Louise .... tout ce qu'elle a pour une glace !

f. Nous .... déjà arrivés s'il n'y avait pas tant de circulation.

10 ¿Imperfecto, perfecto o condicional? Conjuga los siguientes verbos en el tiempo correcto.

a. Je .... (préparer) le dîner lorsque Samuel .... (arriver).

b. Si tu .... (faire) un effort, tu y .... (arriver) !

c. Vous .... (voir) la chenille si vous .... (regarder) de plus près.

d. Nous ne .... (pouvoir) pas comprendre, même si nous .... (essayer).

e. J' .... (écouter) la radio lorsque la nouvelle .... (tomber).

¡Felicidades! ¡Has completado el capítulo 12! Es el momento de sumar los iconos y escribir el resultado en la página 128 para tu evaluación final.

13

Preposiciones

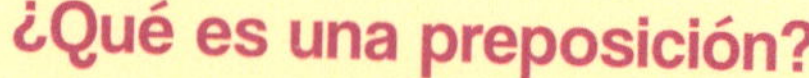

¿Qué es una preposición?

- La palabra «preposición» significa 'colocado delante de'. Una preposición es una palabra que generalmente va seguida de un sustantivo o un pronombre pero que también puede ir asociada a un verbo: **Il se cache <u>derrière</u> l'arbre**.
- Pueden ser palabras (**à**, **dans**, **sur**) o frases (**à côté de**, **en dessous de**).
- **Observación:** algunas preposiciones se pueden utilizar como adverbios: **Il l'a rangé <u>dessous</u>**.

1 Subraya las preposiciones en las siguientes frases.

a. Anne et Marie se sont cachées sous la table !

b. Vas-tu chez tes parents à Pâques ?

c. Edwige part à Tours avec ses enfants cet après-midi.

d. Guy est allé dans la forêt cueillir des champignons.

e. Elles sont parties pendant une heure.

Preposiciones y nombres geográficos (ciudades, países, continentes)

Como cualquier sustantivo en francés, las ciudades (y lugares) tienen género. Generalmente, los nombres geográficos que acaban en **-e** son femeninos, y el resto masculinos. Pero, como siempre, hay algunas excepciones que tendrás que aprender de memoria.

Ciudades y países sin artículo	**à**	**Paris** **Barcelone** **Londres**
Países masculinos que comienzan por consonante	**au**	**Japon** **Portugal**
Continentes, países masculinos que comienzan por vocal y países femeninos	**en**	**Europe** **Asie** **Suède** **Afrique**
Países con nombre en plural	**aux**	**États-Unis**

2 Completa los siguientes espacios utilizando À, AU, EN o AUX.

a. Nous allons .... Brésil le mois prochain !

b. Julien voudrait se rendre .... Inde pour les vacances.

c. Nadia vit .... Émirats Arabes Unis.

d. Pablo est-il né .... Espagne ou .... Portugal ?

e. J'adorerais passer Noël .... Fidji !

f. Kate retourne bientôt .... Angleterre.

g. Tu vas .... Lille après-demain ?

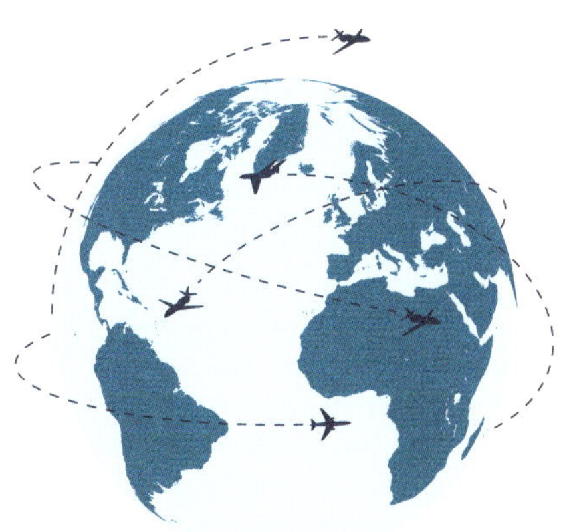

3 Haz frases completas como se muestra en el ejemplo.

Ej: Emilia / Varsovie / Pologne : Emilia vit à Varsovie, en Pologne.

a. Aden / Marrakech / Maroc ....

b. Acha / Yaoundé / Cameroun ....

c. Éléanore / Besançon / France ....

d. Aiko / Tokyo / Japon ....

e. Eeva / Helsinki / Finlande ....

Las preposiciones y adverbios de lugar (*Les prépositions et adverbes de lieu*)

- Las preposiciones de lugar se usan para describir dónde está algo.
- Un adverbio es una palabra o frase que modifica el significado de un adjetivo, verbo u otro adverbio, para expresar modo, lugar, tiempo o grado: **Elle court <u>vite</u>**.

PREPOSICIONES	ADVERBIOS	Español
Dans, en	Dedans	*En, dentro (de)*
Sur, au-dessus de	Dessus, au-dessus	*Sobre, encima (de)*
Sous, en dessous de	Dessous, en dessous	*Debajo de*
À côté de	À côté	*Al lado de, junto a*
Devant	Devant	*Delante de*
Derrière	Derrière, à l'arrière	*Detrás de, tras*
Entre	-	*Entre (dos cosas)*
Parmi	-	*Entre*
Contre	Contre	*Contra*
Près de	(Tout) Près	*Cerca*
Loin de	Loin	*Lejos*
En face de	En face	*Enfrente, frente a*
Au milieu de	Au milieu	*En medio de*
À droite de	À droite	*A la derecha de*
À gauche de	À gauche	*A la izquierda de*
En bas de	En bas	*Abajo*
En haut de	En haut	*Arriba*
Vers	-	*Hacia*

4 Subraya la preposición lógica en las siguientes frases según el contexto.

a. La balle est tombée **en bas des / au milieu des / en haut des** escaliers.

b. Le poulet est **sous / dans / sur** le frigo.

c. Oh non ! Le chat de la voisine est coincé **en bas de / au milieu de / en haut de** l'arbre ! Il ne pourra jamais redescendre tout seul !

d. Ton cochon d'Inde se cache encore **sous / sur / à côté du** le canapé : il va être difficile de l'attraper !

e. Pourquoi as-tu garé la voiture **devant / dessus / dessous** le garage et non pas dedans ?

5 A partir de la tabla anterior, adivina qué preposición utilizar en las siguientes frases.

a. Le restaurant est-il .... la maison ? Je n'ai pas envie de marcher trop longtemps !

b. La boulangerie se trouve .... la boucherie et le café.

c. Les toilettes sont tout de suite .... escaliers ; vous montez et c'est à votre droite.

d. Je crois que le gâteau est .... la table de la cuisine.

e. Ne te retourne pas ! Il y a une énorme araignée .... toi !

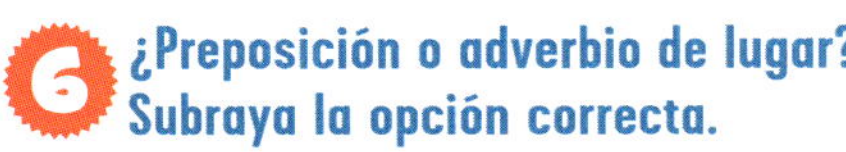

6 ¿Preposición o adverbio de lugar? Subraya la opción correcta.

a. As-tu mis ma chemise **dans / dedans** le sac de voyage ?
– Oui, elle est **dans / dedans** !

b. Regarde ! Hélène est assise **à côté de / à côté** Sébastien !

c. Où est garée la moto ?
– Elle est garée là, **à gauche de / à gauche**.

d. Les clés sont **en dessous de / en dessous** la valise.

e. Oh non ! La maison est encore **loin de / loin** !

« À » y « chez »

Chez se emplea en el sentido de «estar en» o «ir a» casa de alguien. **À** se utiliza con lugares.

À + lugar	**À l'école** **À la piscine** **Au restaurant**
CHEZ + persona	**Chez Christophe** **Chez mes parents** **Chez le dentiste**

7 Completa las siguientes frases con À L' / À LA / AU / AUX / CHEZ.

a. Je suis arrivé en retard .... école ce matin.

b. Vas-tu .... fête du village samedi prochain ?

c. Ils sont allés .... Caroline hier soir.

d. Stéphanie a rendez-vous .... le médecin vendredi matin à 9h30.

e. Elles sont arrivées .... urgences vers minuit.

f. Il vient d'arriver .... bureau.

« À » y « de »

- **À** se utiliza para indicar que vas a un sitio: **Je vais à la gare.** (*Voy a la estación.*)
- **De** se utiliza para indicar que regresas de un sitio: **Je viens de la pharmacie.** (*Vengo de la farmacia.*)

8 Relaciona los verbos con un complemento adecuado.

à l'école.

de la boîte de nuit !

aux vendanges !

1. Je vais

2. Je sors

du cours de guitare.

du cinéma.

à la pêche avec mon frère !

de l'opéra.

au mariage de Maé et Joris.

Preposiciones de tiempo (*Les prépositions de temps*)

• **« Dans » y « en »**
Ambas preposiciones significan «en» pero se utilizan de diferente manera. **Dans** indica algo que ocurrirá al final de un determinado periodo de tiempo: **Noah arrive <u>dans</u> 10 minutes**. (*Noah llega en diez minutos. = Llegará dentro de diez minutos*). Mientras que **en** indica el tiempo que tarda en completarse una acción: **Noah arrive <u>en</u> dix minutes**. (*Noah llega en diez minutos = Tardará diez minutos en llegar*). Y también señala una fecha o un momento en el que ocurre algo: **Tom part en vacances <u>en</u> août**. (*Tom se va de vacaciones en agosto*).

• **« Depuis »**
En presente, indica la duración de algo que todavía está en proceso: **Il court <u>depuis</u> 20 minutes.** (*Él corre desde hace 20 minutos*). En pasado señala una acción que estaba ocurriendo cuando fue interrumpida por otra acción: **Il dormait depuis deux heures quand je suis arrivé**. (*Dormía desde hacía dos horas cuando yo llegué*).

• « **Pendant** » (y « **durant** »)
Se refiere a la duración de una acción: **Il a couru pendant 20 minutes**. (*Ha corrido durante 20 minutos*). **Il courra pendant 20 minutes**. (*Correrá durante 20 minutos*).

9 ¿PENDANT / DEPUIS / DANS / EN?

a. Nous allons aller à la plage .... les vacances ! Youpi !

b. Dépêche-toi ! Le train arrive .... une heure !

c. Il habite à Paris .... 2002.

d. La famille Charlet déménage .... septembre.

e. Ils parlent .... des heures quand Jonathan téléphone !

f. Il fait beau .... le début de l'été.

Otras preposiciones temporales

À partir de, dès = *a partir de, desde*
Après = *después (de)*
Avant = *antes (de)*
De … à … = *desde … hasta …*
Entre = *entre*
Il y a = *hace*
Jusqu'à = *hasta*
Pour = *por*
Vers = *hacia, alrededor de*

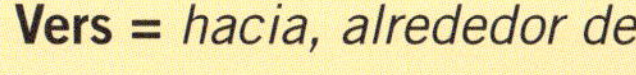

10 Completa el siguiente crucigrama con la traducción de las preposiciones al francés.

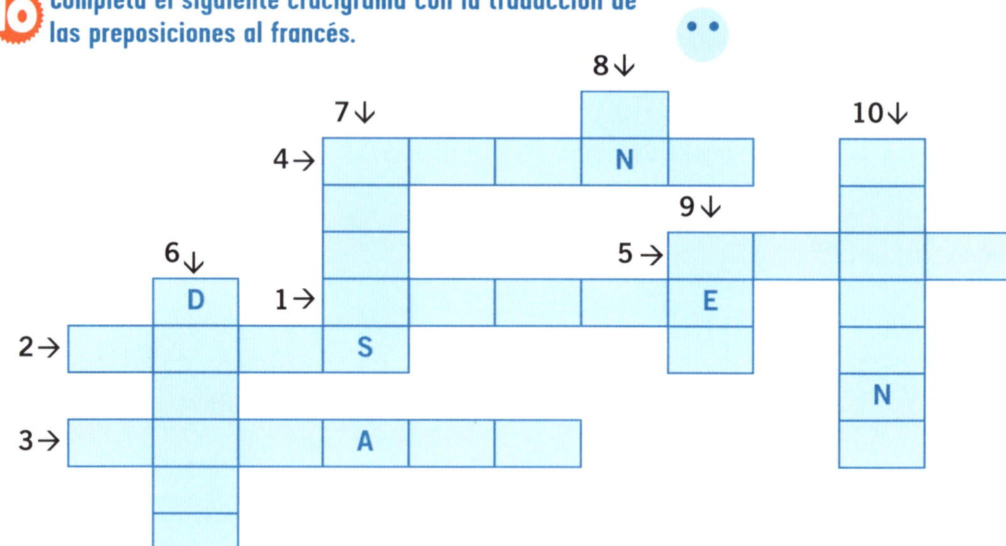

Horizontal
1. Entre (dos cosas)
2. Cerca
3. Durante
4. Antes
5. En

Vertical
6. Desde
7. Después
8. En
9. Tan pronto como
10. Durante

11 Otras preposiciones comunes en francés. Relaciona las preposiciones en francés con su traducción al español.

1. au sujet de, à propos de •	• a. *a pesar de*
2. avec •	• b. *en cuanto a*
3. contre •	• c. *contra*
4. malgré •	• d. *con*
5. par •	• e. *excepto*
6. quant à •	• f. *a propósito de*
7. sans •	• g. *según*
8. sauf •	• h. *por*
9. selon •	• i. *sin*

Verbos + preposiciones

De y **À** son las preposiciones francesas que más comúnmente siguen a un verbo. Aquí tienes unos cuantos ejemplos de algunas construcciones con VERBO + À / DE + SUSTANTIVO / PRONOMBRE / INFINITIVO.

- **VERBO + À + SUSTANTIVO O PRONOMBRE**

  Assister à quelque chose = *asistir a algo o presenciar algo*
  Demander à quelqu'un = *pedir a alguien*
  Faire attention à = *tener cuidado con*
  S'intéresser à = *interesarse por*
  Jouer à = *jugar a*
  Participer à quelque chose = *participar en algo*
  Penser à = *pensar en*
  Téléphoner à quelqu'un = *telefonear a alguien*

- **VERBO + À + INFINITIVO**

  Aider à = *ayudar a*
  Apprendre à = *aprender a*
  Commencer à = *comenzar a*
  Demander à = *pedir a*
  Réussir à = *lograr*

- **VERBO + DE + SUSTANTIVO**

  Changer de = *cambiar de*
  Jouer de = *tocar (un instrumento musical)*
  Partir de = *partir de*
  Se moquer de = *burlarse de*
  S'occuper de = *ocuparse de*
  Se rendre compte de = *darse cuenta de*
  Se souvenir de = *acordarse de*

- **VERBO + DE + INFINITIVO**

  Avoir peur de = *tener miedo de*
  Cesser de = *dejar de*
  Décider de = *decidir*
  Essayer de = *intentar, tratar de*
  Finir de = *acabar de*
  Oublier de = *olvidarse de*

12 ¿À / AU / À L' / AUX O DE / DU / DE LA / DES? Completa los huecos con la preposición adecuada.

a. Fais attention .... trous ! Ne tombe pas !

b. Julian joue .... la guitare.

c. Ah enfin ! Tu commences .... comprendre cet exercice !

d. Fais demi-tour ! J'ai oublié .... fermer la porte d'entrée !

e. Je me souviens .... jour où la foudre est tombée sur ta maison ! Quelle frayeur !

¡Felicidades! ¡Has completado el capítulo 13! Es el momento de sumar los iconos y escribir el resultado en la página 128 para tu evaluación final.

Adverbios

Formación de adverbios

En el capítulo 5 ya vimos cómo se forman los adverbios. Sirva esto a modo de repaso:

- Un adverbio es una palabra que modifica a un verbo, a un adjetivo o a otro adverbio.
- Muchos adverbios (especialmente los adverbios de modo) se forman añadiendo el sufijo **-ment** a la forma masculina de un adjetivo cuando este termina en vocal (**rapide → rapidement**) o a femenina de un adjetivo cuando este acaba en consonante **(lent → lente → lentement)**.
- Hay algunas excepciones: **bref → brièvement** ; **gentil → gentiment**.
- Los adjetivos que acaban en **-ant** cambian a **-amment** y los que acaban en **-ent** a **-emment**: **courant → couramment** ; **patient → patiemment**.
- Algunos otros adverbios terminan en **-ément** tales como **précisément** o **énormément**.

I Convierte estos adjetivos en adverbios.

a. prudent = ...

b. joli = ...

c. malheureux = ...

d. constant = ...

e. gentil = ...

f. joyeux = ...

g. profond = ...

Colocación de los adverbios

Generalmente van detrás del verbo al que modifican, pero hay ciertas normas:

- Cuando el verbo es compuesto, los adverbios largos van detrás del participio pasado: **Julie est rentrée rapidement**. Algunas excepciones son: **certainement**, **complètement**, **probablement**: **Tu as complètement changé**.
- ESin embargo, los adverbios cortos como **bien**, **souvent**, **mal**, **beaucoup**, van siempre delante del participio pasado: **J'ai bien mangé !**
- Cuando el adverbio modifica el sentido de un adjetivo o de otro adverbio, el adverbio va delante de él: **Elle est vraiment jolie**.
- En la forma negativa, los adverbios que van detrás del verbo, se colocan detrás de **pas**: **Elle dort bien → Elle ne dort pas bien**.

2 Ordena correctamente las palabras para formar frases lógicas.

a. tellement / Luc / est / fatigué = ...

b. pas / souvent / vais / ne / théâtre / Je / au = ...

c. beaucoup / a / cette / grandi / année / Il = ...

d. Vous / gentils / très / êtes = ...

e. Il / maison / entré / silencieusement / la / dans / est = ...

Adverbios de modo

- La mayoría de los adverbios de modo en francés terminan en **-ment**: **rapidement, sérieusement, lentement, gentiment**.
- En esta tabla encontrarás algunos adverbios de modo que no terminan en el sufijo **-ment**.

Adjetivo	Adverbio
Bon → *bueno*	Bien → *bien*
Mauvais → *malo*	Mal → *mal*
Meilleur → *mejor*	Mieux → *mejor*

3 Subraya la palabra correcta según el contexto.

a. C'est le **mieux / meilleur** film de l'année !

b. Louis m'a posé la question **gentil / gentiment**.

c. Est-ce un **bon / bien** dessert ?

d. Vous allez **bon / bien** ?

e. Karine va beaucoup **mieux / meilleur** aujourd'hui.

Adverbios de frecuencia (*Les adverbes de fréquence*)

Se colocan generalmente detrás del verbo.

- -	**Jamais**	*Nunca*
-	**Rarement**	*Pocas veces*
+	**Quelquefois** **Parfois** **De temps en temps**	*A veces* *Algunas veces* *De vez en cuando*
+ +	**Souvent** **Généralement**	*A menudo* *Generalmente*
+ + +	**Toujours** **Tout le temps**	*Siempre* *Todo el tiempo*

4 **Subraya el adverbio de frecuencia adecuado según la descripción de la profesión.**

a. **Homme d'affaires** : Je pars **parfois / souvent** en voyage.
b. **Professeur des écoles** : Je travaille **quelquefois / toujours** avec des enfants.
c. **Fermier** : Je travaille **parfois / toujours** avec un ordinateur.
d. **Médecin généraliste** : Je rencontre **parfois / souvent** des gens.
e. **Coiffeur :** Je bavarde **rarement / généralement** avec mes clients.

5 **Elige el adverbio adecuado para completar las frases según el contexto.**

a. Le cinéma ? Il déteste ça. Il n'y va ....
b. L'opéra ? C'est tellement cher ! Elle n'y va que très ....
c. La télévision ? Nous adorons ! Nous regardons .... les programmes du soir ensemble !
d. Le théâtre ? Oui, cela lui arrive d'y aller. Pas très ...., mais .... il y a un spectacle intéressant.
e. À quelle heure sort-elle du bureau ? Elle en sort .... à 16h30.

rarement
généralement
jamais
quelquefois
toujours
souvent

Adverbios de tiempo (*Les adverbes de temps*)

Los adverbios de tiempo que se refieren a días específicos se pueden colocar al principio o al final de la frase: **Aujourd'hui, je pars en vacances**. Responden a la pregunta **Quand ?** (*¿Cuándo?*).

Actuellement = *actualmente*
Après = *después*
Après-demain = *pasado mañana*
Aujourd'hui = *hoy*
Auparavant = *anteriormente*
Autrefois = *en el pasado*
Avant = *antes*
Avant-hier = *anteayer*
Bientôt = *pronto*
Déjà = *ya*
Demain = *mañana*
Depuis = *desde (hace)*
Enfin = *finalmente*
Ensuite = *después*
Hier = *ayer*
Il y a = *hace (x tiempo)*
Jamais = *nunca*
Longtemps = *hace mucho tiempo*
Maintenant = *ahora*
Parfois = *a veces*
Puis = *entonces*
Rarement = *pocas veces*
Souvent = *a menudo*
Tard = *tarde*
Tôt = *temprano*
Toujours = *siempre, todavía*
Tout de suite = *inmediatamente*

 **Encuentra en la lista anterior los adverbios de tiempo que faltan.** 

a. Mets ton réveil à 5 heures du matin : nous devons nous lever ....

b. Des nuages sont apparus, ... le vent s'est levé.

c. Rex ! Viens ici .... ! Quelle bêtise as-tu encore faite ?

d. Ne pleure pas Edwige, ta maman va rentrer .... Plus que cinq minutes et elle sera là.

e. J'ai rencontré Carla .... cinq ans et nous ne nous sommes pas quittés depuis !

f. J'adore ce parc ; je viens .... ici.

g. Joshua n'aime pas les carottes. J'en cuisine ....

Adverbios de lugar

Los adverbios de lugar generalmente se colocan detrás del objeto directo. Responden a la pregunta **Où ?** (*¿Dónde?*)

À droite = *a la derecha*
À gauche = *a la izquierda*
À l'intérieur de/dedans = *en el interior, dentro*
Autour = *alrededor*
Dehors = *fuera*
Devant = *delante, enfrente*
En bas = *abajo*
En haut = *arriba*
Ici = *aquí*
Là = *allí*
Là-bas = *allá*
Loin = *lejos*
Nulle part = *en ninguna parte*
Partout = *en todas partes*
Près = *cerca*
Quelque part = *en alguna parte*

7 Completa las frases con los adverbios de lugar correspondientes.

a. As-tu vu Domino ? – Non, je l'ai cherché .... mais je ne l'ai trouvé ....

b. Je dois passer l'aspirateur. Allez donc jouer .... avec le ballon !

c. Finalement, j'ai cherché Domino dehors et il était .... !

d. Ton revers est incroyable ! Mais où est la balle ?
– Je la vois ! Elle est ...., à côté des arbres !
– Elle est vraiment .... !

e. Victor ? Où es-tu ? Je suis à l'étage et je ne te trouve pas !
– Mais, je ne suis pas à l'étage, je suis .... !

Adverbios de cantidad

Los adverbios de cantidad explican cuánto de algo hay:

Beaucoup = *mucho*
Assez = *bastante*
Peu = *poco*

Trop = *demasiado*
Plus = *más*
Un peu = *un poco*

- A menudo van seguidos de **de** + sustantivo (sin artículo).

8 Completa las siguientes frases con alguno de los adverbios propuestos.

a. Beurk, mon café est dégoûtant ! Il y a .... sucre.

b. Arrêtez ! Merci, ça suffira. Il y a .... lait dans mon café.

c. Le café était calme. Il y avait très .... gens présents.

d. Désirez-vous autre chose Madame ? – Oui, j'aimerais .... sucre dans mon café, s'il vous plaît.

e. Je ne sais que choisir ! Il y a .... gâteaux et ils sont tous appétissants !

Adverbios interrogativos

Los adverbios interrogativos se utilizan para hacer preguntas:

Combien (de) = *cuánto*
Comment = *cómo*
Où = *dónde*
Quand = *cuándo*
Quel = *qué*
Qui = *quién*

9 Completa los huecos con el adverbio interrogativo adecuado.

a. .... est Thomas ? – Il est dans sa chambre.

b. .... es-tu allé à Dijon ? – J'y suis allé en train.

c. .... est avec Florence ? – C'est Laurent, son cousin.

d. .... venez-vous nous voir ? – Nous venons le mois prochain, c'est promis !

e. .... es-tu en colère ? – Oh, cet imbécile m'a pris ma place de parking !

10 Completa los huecos con el adverbio adecuado entre todos los vistos en el capítulo.

a. On ne risque pas d'avoir un accident : ma grand-mère conduit si .... !

b. Il va .... au travail en vélo. Il adore le grand air !

c. Je pense que cette réponse est correcte : tu as .... raison.

d. Je déteste le poisson ! Je n'en mange ....

e. .... , Jennifer et Océane ne pourront pas venir à ton anniversaire.

f. Julien est .... très généreux.

g. Vous n'avez pas besoin de répéter ; j'ai .... compris.

¡Felicidades! ¡Has completado el capítulo 14! Es el momento de sumar los iconos y escribir el resultado en la página 128 para tu evaluación final.

15 Verbos

Verbos modales

Los verbos modales son verbos que presentan algo como posible, necesario, deseable…

- **DEVOIR** generalmente significa *deber / tener que*.

Je	**dois**
Tu	**dois**
Il/Elle	**doit**
Nous	**devons**
Vous	**devez**
Ils/Elles	**doivent**

- **POUVOIR** se utiliza para expresar habilidad y posibilidad (*poder / ser capaz de*).

Je	**peux**
Tu	**peux**
Il/Elle	**peut**
Nous	**pouvons**
Vous	**pouvez**
Ils/Elles	**peuvent**

- **Observación:** cuando se invierte el orden en una pregunta, **je peux** se convierte en **puis-je**: **Puis-je me laver les mains ?**

- **VOULOIR** significa *querer*.

Je	**veux**
Tu	**veux**
Il/Elle	**veut**
Nous	**voulons**
Vous	**voulez**
Ils/Elles	**veulent**

1 Completa los huecos con el verbo correcto.

a. .... -vous aller à l'école demain ?

b. Nous ne .... pas manger ou boire ici.

c. .... -je utiliser les toilettes, s'il vous plaît ?

d. Elles .... rentrer à 10 heures.

e. Tu .... venir avec nous au cinéma ?

f. Il .... visiter l'Écosse.

veux
pouvons
doivent
veut
puis
devez

2 Conjuga en presente los siguientes verbos modales.

a. Maman, Camille .... (pouvoir) venir à la maison cet après-midi ?

b. Vous .... (devoir) ôter vos chaussures avant d'entrer.

c. Je .... (devoir) étudier pour cet examen !

d. Nous .... (devoir) faire les courses pour le week-end.

e. Chut ! Elles .... (pouvoir) nous entendre !

Verbos impersonales

- **Falloir** es un verbo impersonal que solo se utiliza en tercera persona del singular (**il faut**) en todos los tiempos. Significa *hacer falta / haber que*.
- **Valoir (mieux)** significa *ser mejor que / merecer la pena*: **Il vaut mieux utiliser Skype ! C'est moins cher !** (*Es mejor utilizar Skype. Es menos caro*).

- **Verbos que describen el tiempo climatológico:** las expresiones que describen el tiempo son impersonales: **Il pleut. Il fait beau**.
- Otras expresiones impersonales son:
  - **Il y a** = *hay*.
  - **Il paraît que / Il semble que / On dirait que** = *parece que*.

3 Relaciona las dos partes de la frase.

1. Sortez les skis ! •	• a. Il pleut !
2. Je dois trouver mon parapluie ! •	• b. Il fait beau !
3. Il faut mettre les manteaux ! •	• c. Il fait chaud !
4. Nous pouvons sortir en t-shirt ! •	• d. Il neige !
5. Peux-tu me donner un verre d'eau ? •	• e. Il fait froid !

4 Traduce al francés las siguientes frases.

a. ¡Parece que tienes razón!

→ ....

b. ¡Hoy hace muy buen tiempo!

→ ....

c. ¡Es verano! ¡Hace mucho calor!

→ ....

d. ¡Es mejor tener un móvil!

→ ....

e. No hay mucha gente aquí.

→ ....

Falsos amigos *(Faux amis)*

Los falsos amigos, palabras que se parecen a las del idioma materno pero que tienen un significado diferente, son frecuentes entre el español y el francés. Aquí tienes algunos ejemplos de verbos:

bâtir = *construir* / *batir* = **battre**
contester = *oponerse* / *contestar* = **répondre**
coller = *pegar* / *colar* = **filtrer, passer**
créer = *crear* / *creer* = **croire**
demander = *preguntar, pedir* / *demandar* = **poursuivre**
discuter = *hablar* / *discutir* = **se disputer**
entendre = *oír* / *entender* = **comprendre**
entretenir = *mantener* / *entretener* = **distraire**
manger = *comer* / *mangar* = **piquer** (familiar)
quitter = *dejar* / *quitar* = **enlever**
rester = *quedar* / *restar* = **soustraire**
salir = *ensuciar* / *salir* = **sortir**
subir = *sufrir* / *subir* = **monter**

5 **Completa las frases con el verbo apropiado.**

a. Le chien va .... toute la nuit dehors.

b. Je ne veux pas .... dans ce restaurant.

c. Attention ! Tu vas .... ta robe.

d. Ils vont .... un lycée en Afrique.

e. Ce cuisinier aime .... des plats simples.

bâtir
rester
créer
salir
manger

6 **Traduce al francés las siguientes frases.**

a. ¿Puedes repetir, por favor? No he entendido.

→ ....

b. Mis hermanos han discutido toda la tarde.

→ ....

c. ¡Quítate los zapatos antes de entrar!

→ ....

d. Estoy cansada. No puedo subir las escaleras.

→ ....

e. Los alumnos deben contestar a las preguntas del profesor.

→

Verbos transitivos e intransitivos

• **Un verbo transitivo** es un verbo que puede llevar objeto directo, es decir, que puede responder a la pregunta *¿qué?* o *¿quién?*

Sujeto	Verbo transitivo	Objeto directo
J'ai	mangé	un croissant.

• **Observación:** cuando el objeto directo es un pronombre, se coloca generalmente delante del verbo.

Sujeto	Objeto directo	Verbo transitivo
Je	la	vois.

• **Un verbo intransitivo** es un verbo que no lleva objeto directo, pero puede llevar un objeto indirecto, es decir, puede responder a la pregunta *¿a quién?* o *¿para quién?* Generalmente va seguido de una preposición (**à**, por ejemplo). Algunos verbos son intransitivos por naturaleza (**pleurer**, **nager**, **voyager**, etc.).

Sujeto	Verbo intransitivo	Objeto indirecto
Nous	parlons	aux voisins.

7 **Subraya los verbos en las siguientes frases y señala si son transitivos (T) o intransitivos (I).**

Frase	T	I
a. Nous mangeons une pizza tous les vendredis.	☐	☐
b. Sabine écoute une chanson.	☐	☐
c. Corinne parle à ses amis.	☐	☐
d. Tu réponds à tante Colette ?	☐	☐
e. Je bois du café tous les matins.	☐	☐

8 **Subraya los objetos en las siguientes frases y señala si son directos (D) o indirectos (I).**

Frase	D	I
a. J'ai donné mon livre.	☐	☐
b. Elle téléphone à Alice.	☐	☐
c. Nous écrivons à nos parents.	☐	☐
d. Tu chantes cette chanson.	☐	☐
e. Nous pensons à nos vacances.	☐	☐

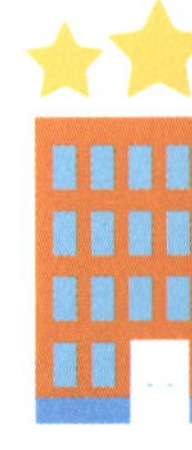

Participio presente

- Para formar el participio presente, necesitas la forma de la primera persona del plural (**nous**) del presente de indicativo de un verbo, eliminar la terminación **-ons** y añadir la terminación **-ant**: **Nous regardons → en regardant**.

Regarder → nous regardons → eliminar **-ons** / añadir **-ant** → **regardant**
Vendre → nous vendons → eliminar **-ons** / añadir **-ant** → **vendant**
Prendre → nous prenons → eliminar **-ons** / añadir **-ant** → **prenant**
Finir → nous finissons → eliminar **-ons** / añadir **-ant** → **finissant**
Ranger → nous rangeons → eliminar **-ons** / añadir **-ant** → **rangeant**
Faire → nous faisons → eliminar **-ons** / añadir **-ant** → **faisant**

- Hay excepciones a esta regla:

Avoir → **ayant**
Être → **étant**

- El participio presente se utiliza normalmente con la preposición **en** y significa «en», «por». A veces también se utiliza como adjetivo.

 **Convierte los siguientes verbos en participio presente.** 

a. Lancer → ....
b. Aimer → ....
c. Acheter → ....
d. Voir → ....
e. Maigrir → ....
f. Venir → ....
g. S'habiller → ....

¡Felicidades! ¡Has completado el capítulo 15! Es el momento de sumar los iconos y escribir el resultado en la página 128 para tu evaluación final.

Conectores

Conectores

- Los conectores son palabras que ayudan a conectar ideas y oraciones. Son palabras de transición.
- **Conjunciones *(Les conjonctions)***
  Las conjunciones son palabras que conectan palabras, frases u oraciones. Entre otras: **et, mais, ou, parce que, jusqu'à ce que**.
- **Las conjunciones coordinadas *(Les conjonctions de coordination)***
  Las conjunciones coordinadas son palabras que conectan palabras o grupos similares de palabras (nombres a nombres, oraciones a oraciones, etc.).
- Las conjunciones coordinadas más comunes son:

D'ailleurs = *a propósito, por cierto*
Ainsi = *así*
À savoir = *a saber*
Au contraire = *por el contrario*
Aussi = *así pues*
Car = *pues*
C'est-à-dire = *es decir*
C'est pourquoi = *por eso*
Cependant = *sin embargo*
Donc = *por lo tanto*
En effet = *de hecho*
Et = *y*
Mais = *pero*
Néanmoins = *no obstante*
Ni ... ni...= *ni... ni...*
Or = *o*
Ou = *o*
Pourtant = *sin embargo*
Toutefois = *no obstante*
Soit ... soit ... = *o... o...*

1 **Subraya las conjunciones coordinadas en las siguientes frases.** 

a. Je suis passé chez toi, mais tu n'étais pas là.
b. Soit tu viens avec nous, soit tu ne viens pas ; mais, s'il te plaît, décide-toi !
c. Marion pense cuisiner un bœuf bourguignon ou un navarin.
d. La voiture est au garage donc je ne pourrai pas venir te voir ce matin. Désolé !
e. Je ne me sens pas très bien, cependant j'essaierai d'aller en cours.

2 **Elije la conjunción coordinada adecuada de la siguiente lista para completar los huecos.** 

car – c'est pourquoi – au contraire – pourtant – à savoir – cependant

a. Julien se pose des questions, ... si la maison sera vendue.

b. Laetitia n'aime pas skier, ... elle reste au chalet.

c. Florian ne s'énerve jamais, ... il reste toujours serein.

d. Marine n'aime pas le chocolat, ... elle a fait un effort et a goûté ton gâteau.

e. Maxime lui fait confiance, ... il a un doute.

f. Je suis au lit .... je suis malade.

Conjunciones subordinadas (*Les conjonctions de subordination*)

- Estas conjunciones son palabras que conectan una oración subordinada con la oración principal.
- Una oración subordinada es una oración que generalmente va introducida por una conjunción que forma parte y que es independiente de la oración principal. La oración subordinada no puede existir por sí misma, es decir, sin la oración principal:

Je l'aime bien	parce qu'elle est très gentille.
Me gusta ella	*porque es muy amable.*
Oración principal	Oración subordinada

- Las conjunciones subordinadas más comunes son:

Alors que = *mientras que*
À moins que = *a menos que*
Afin que = *para que, a fin de que*
Après que = *después de que*
Au cas où = *en el caso de que*
Aussitôt que = *tan pronto como*
Avant que = *antes (de) que*
Bien que = *si bien*
Comme = *como, dado que*
De peur que = *por miedo a*
Depuis que = *desde que*
Dès que = *tan pronto como*
Jusqu'à ce que = *hasta que*
Lorsque = *cuando, en el momento (en) que*
Maintenant que = *ahora que*
Parce que = *porque*
Pendant que = *mientras que*
Pour que = *para que*
Pourvu que = *siempre que, siempre y cuando*
Puisque = *ya que, dado que, puesto que*
Quand = *cuando*
Que = *que*
Quoi que = *cualquier cosa que*
Quoique = *aunque*
Sans que = *sin que*
Si = *si*
Tandis que = *mientras que*

Subraya las conjunciones subordinadas en las siguientes frases.

a. Claudette a pris un parapluie au cas où il pleuve.

b. Bien que Pierre ait peur de l'eau, ils sont allés en vacances au bord de la mer.

c. Comme les enfants n'aiment pas la télévision, j'ai apporté des jeux de société.

d. Je partirai lorsque le film sera fini.

e. Depuis que j'ai 18 ans, je me sens beaucoup plus libre !

4 Relaciona la conjunción subordinada adecuada de la lista anterior con su sinónimo.

a. Aussitôt que ....

b. Comme ....

c. Lorsque ....

d. Bien que ....

El subjuntivo después de las conjunciones

Mira el capítulo 18 **El presente de subjuntivo**.

5 Conjuga los verbos entre paréntesis teniendo en cuenta las conjunciones.

a. Depuis que je .... **(être)** à la retraite, la vie est belle !

b. Si tu .... **(aller)** en ville demain, préviens-moi ! J'irai avec toi.

c. Bien que les chiens me .... **(faire)** peur, je trouve celui-ci très mignon !

d. Quand tu .... **(arriver)**, nous irons voir grand-mère.

e. Quoi que nous .... **(dire)**, ils n'en feront qu'à leur tête.

6 Relaciona los conectores franceses con su correspondiente en español.

SECUENCIA

Premièrement / d'abord / tout d'abord	•	•	*en primer lugar*
En premier lieu	•	•	*después*
Deuxièmement	•	•	*primero, primeramente*
Ensuite / puis	•	•	*en segundo lugar*

7 Relaciona los conectores franceses con su correspondiente en español.

OFRECER UNA ALTERNATIVA

D'un côté... de l'autre	•	•	*por otra parte*
D'une part... d'autre part...	•	•	*además*
Ou... Ou...	•	•	*por un lado... por otro...*
Par ailleurs	•	•	*por una parte... por otra...*
En outre	•	•	*o... o...*

IDEAS OPUESTAS

D'un autre côté •	• *en cambio*
Par contre •	• *por otro lado*
En revanche •	• *al contrario*
Au contraire •	• *por el contrario*

8 Relaciona los conectores franceses con su correspondiente en español.

OFRECER EJEMPLOS

Ainsi •	• *por ejemplo*
Par exemple •	• *de esta manera*
Notamment •	• *en particular*
En particulier •	• *especialmente*

9 Relaciona los conectores franceses con su correspondiente en español.

CONCLUIR

Finalement / enfin •	• *para terminar*
En conclusion / pour conclure •	• *en pocas palabras*
En résumé •	• *finalmente / por último*
En bref •	• *en conclusión / para concluir*
Pour finir •	• *en resumen / resumiendo*

10 Completa los huecos con el conector adecuado.

a. ...., tu pourrais penser à quelques prénoms pour le bébé, mais ...., tu pourrais attendre qu'il soit né et décider à ce moment-là.

b. Je n'aime pas certains gâteaux : .... , le mille-feuille ou le tiramisu.

c. ...., j'aimerais présenter le sujet de ma dissertation.

d. D'abord on travaille ; ...., on s'amuse !

e. Elle a pris son parapluie ; elle sera .... protégée de la pluie.

¡Felicidades! ¡Has completado el capítulo 16! Es el momento de sumar los iconos y escribir el resultado en la página 128 para tu evaluación final.

17 Voz pasiva

La voz pasiva

- En la voz activa, el sujeto realiza la acción.
- En la voz pasiva, el sujeto de la oración no es el que realiza la acción. La acción realmente cae sobre el sujeto.
- La voz pasiva se forma de la misma manera que en español, es decir, con **être** + el participio pasado + (no siempre) la preposición **par** (*por*). Ten en cuenta que la voz pasiva se utiliza más en francés que en español.
- **Observación:** Algunos verbos (**aimer, admirer, apprécier, adorer, détester, respecter, accompagner, fatiguer, entourer**, etc.) pueden ir seguidos de la preposición **de: Il est apprécié de ses élèves, je suis accompagné de ma famille.**
- **Être** debe concordar en género y número con el sujeto.
- **Compara:**

Voz activa	**Zazie interprète cette chanson.**	*Zazie canta esta canción.*
Voz pasiva	**Cette chanson est interprétée par Zazie.**	*Esta canción es cantada por Zazie.*

1 ¿Voz activa o voz pasiva? Señala la respuesta correcta.

	Activa	Pasiva
a. La vaisselle est faite par Joël.	☐	☐
b. Catherine range le garage.	☐	☐
c. Le chat est brossé par Manon.	☐	☐
d. Cette lettre est écrite par mon arrière-grand-mère !	☐	☐
e. Mon père a peint cette toile.	☐	☐

2 Conjuga ÊTRE en presente en las siguientes frases pasivas.

a. Notre maison .... construite par notre oncle qui est architecte.

b. Les haricots .... plantés par Julien.

c. Nous .... accueillis très chaleureusement par nos amis.

d. Vous .... poursuivis par les petits voisins !

e. Tu .... invitée par Ella.

3 Conjuga ÊTRE en presente + participio pasado en las siguientes frases pasivas.

a. Ces tartes ....(être + préparer) par la classe 3e D.

b. L'arbre de Noël ....(être + décorer) par les enfants.

c. Le président français .... (être + accueillir) par le Premier ministre anglais.

d. Les voleurs .... (être + arrêter) par la police.

e. Les commandes .... (être + prendre) par la serveuse.

4 Conjuga ÊTRE en pretérito perfecto + participio pasado en las siguientes frases pasivas.

a. Cette sculpture .... (être + réaliser) par Auguste Rodin.

b. Ce livre .... (être + écrire) par Victor Hugo.

c. La voiture .... (être + vendre) par mon frère.

d. Ces crevettes .... (être + préparer) par maman.

e. Le ciel .... (être + illuminer) par la foudre.

Evitar la voz pasiva

- La voz pasiva se utiliza más en francés que en español.
- **La voz pasiva con « On »**
  Si no se expresa el agente (el que realiza la acción) o no se puede identificar, se puede sustituir por **on** + la tercera persona del singular del verbo en la voz activa: **Un bouquet de fleurs lui a été offert. → On lui a offert un bouquet de fleurs.**
- **La voz pasiva con « Se »**
  Cuando la persona que realiza la acción no es importante o relevante, se pueden utilizar a veces construcciones pasivas con el pronombre reflexivo **se: Les glaces se vendent très bien avec cette chaleur.** (*Los helados se venden muy bien con este calor*).

5 Utiliza los siguientes elementos para construir frases en voz pasiva con el pronombre personal ON.

Ej.: Les clés ont été retrouvées → On a retrouvé les clés.

a. Le bateau a été réparé. → .... le bateau.

b. Le numéro a été changé. → .... le numéro.

c. Le magasin a été ouvert. → .... le magasin.

d. Le vase a été cassé. → .... le vase.

e. La maison a été bâtie. → .... la maison.

6 Conjuga los verbos pronominales con sentido de voz pasiva en las siguientes oraciones.

a. Comment cela .... (se dire)-il en espagnol ?

b. Le vin blanc .... (se servir) très frais.

c. Cela ne .... (se faire) pas. Ce n'est pas poli.

d. Ce plat .... (se manger) chaud et accompagné de haricots blancs.

e. Les toilettes .... (se trouver) au fond du couloir.

7 Convierte las siguientes oraciones en activa a oraciones en pasiva (pretérito perfecto + participio pasado).

a. Caroline a mangé une pomme. → Une pomme ....

b. Léonard de Vinci a peint la Joconde. → ....

c. L'oiseau a mangé le ver de terre. → ....

d. Daniel a planté les jonquilles. → ....

e. Mathilde a décoré l'appartement. → ....

8 ¿Voz activa o voz pasiva? Señala la respuesta correcta.

	Activa	Pasiva
a. Les cambrioleurs ont été surpris par les policiers.	☐	☐
b. Notre président était respecté de tous.	☐	☐
c. On interdit l'utilisation des téléphones portables dans la salle d'attente.	☐	☐
d. Ce fruit ne se mange pas.	☐	☐
e. Karine est très appréciée de ses collègues.	☐	☐

Verbos que no pueden utilizarse en voz pasiva

- Para poder utilizarse en voz pasiva, los verbos tienen que ser transitivos (con objeto directo). Un objeto directo responde, por ejemplo, a la pregunta *¿qué?*: **Coralie fait (quoi ?) une tarte. = La tarte a été faite par Coralie** (**faire** = verbo transitivo).
- Algunos verbos no se pueden utilizar en voz pasiva. Los verbos que van seguidos de **à** + persona, por ejemplo: **apprendre, conseiller, demander, dire, refuser**.
- Tampoco se pueden utilizar en voz pasiva los verbos que llevan **être** en pretérito perfecto.

9 ¿Se pueden utilizar en voz pasiva estos verbos? Señala la respuesta correcta.

VERBO		SÍ	NO
Demander	*quelque chose à quelqu'un*	☐	☐
Construire	*quelque chose pour quelqu'un*	☐	☐
Aller	*quelque part*	☐	☐
Admirer	*par quelqu'un*	☐	☐
Promettre	*quelque chose à quelqu'un*	☐	☐
Monter	*les escaliers*	☐	☐
Manger	*quelque chose*	☐	☐
Tomber	*par terre*	☐	☐

¡Felicidades! ¡Has completado el capítulo 17! Es el momento de sumar los iconos y escribir el resultado en la página 128 para tu evaluación final.

Presente de subjuntivo

El presente de subjuntivo

El subjuntivo no es un tiempo verbal, es un modo. Al igual que el indicativo, el subjuntivo tiene varios tiempos verbales. El más utilizado de todos ellos es el presente.

Formación del presente de subjuntivo
Para formar el subjuntivo, todo lo que necesitas hacer es tomar la tercera persona del plural (**ils/elles**) del presente de indicativo, eliminar la terminación **-ent** y sustituirla por las siguientes terminaciones: **-e, -es, -e, -ions, -iez, -ent**.

Regarder	
que je regard	**-e**
que tu regard	**-es**
qu'il/elle regard	**-e**
que nous regard	**-ions**
que vous regard	**-iez**
qu'ils regard	**-ent**

Vendre	
que je vend	**-e**
que tu vend	**-es**
qu'il/elle vend	**-e**
que nous vend	**-ions**
que vous vend	**-iez**
qu'ils vend	**-ent**

Finir	
que je finiss	**-e**
que tu finiss	**-es**
qu'il/elle finiss	**-e**
que nous finiss	**-ions**
que vous finiss	**-iez**
qu'ils finiss	**-ent**

1 Subraya el verbo conjugado en subjuntivo.

a. Il faut que je **réussis / réussisse** mon examen pour entrer à l'université.

b. Je dois prendre ma douche avant que Jean **vienne / vient** me chercher !

c. Pourvu que nous **vendons / vendions** la voiture rapidement !

d. Nous sommes très contents que tu **agrandisses / agrandis** la maison !

e. Il est important que tu **prends / prennes** ton passeport si tu veux vraiment prendre ton avion !

2 Convierte los siguientes verbos de presente de indicativo a presente de subjuntivo.

a. Je **mange** du pop-corn. ➜ Il est étonnant que je .... du pop-corn.

b. Tu **écoutes** la radio. ➜ Il est important que tu .... la radio.

c. Elle **maigrit** très vite. ➜ Il est surprenant qu'elle .... très vite.

d. Nous **mettons** la table. ➜ Il est utile que nous .... la table.

e. Vous **perdez** souvent vos affaires. ➜ Il est bizarre que vous .... souvent vos affaires.

f. Ils **choisissent** toujours les bonnes cartes. ➜ Il est étonnant qu'ils .... toujours les bonnes cartes.

« Être » y « Avoir »

Aquí tienes el presente de subjuntivo de **être** y de **avoir**:

ÊTRE		AVOIR	
que je	**sois**	que j'	**aie**
que tu	**sois**	que tu	**aies**
qu'il	**soit**	qu'il	**ait**
que nous	**soyons**	que nous	**ayons**
que vous	**soyez**	que vous	**ayez**
qu'ils	**soient**	qu'ils	**aient**

3 Completa las oraciones conjugando ÊTRE en presente de subjuntivo.

a. Il faut que tu .... sur ton trente et un pour le mariage de ta sœur !

b. Il est essentiel que nous .... honnêtes durant cet entretien.

c. Je me suis levée en avance pour que vous .... à l'heure.

d. Il est content que je .... premier de ma classe !

e. Il se peut qu'elle .... coupable de quelques délits.

f. Bien qu'ils .... très occupés, ils ont trouvé le temps de venir.

 **Completa las oraciones conjugando AVOIR en presente de subjuntivo.** 

a. Bien que je n'.................................... pas beaucoup dormi la nuit dernière, je me suis levée aux aurores ce matin.

b. Il faut que tu .... de bons résultats à cet examen.

c. Il est impossible qu'elle .... perdu son portefeuille. Il doit être quelque part !

d. Je suis surpris qu'ils .... décidé de partir à l'étranger.

e. Nous sommes désolées que vous .... mal à la tête. Ce doit être la chaleur !

f. Je crains que nous .... de la pluie demain.

Más verbos irregulares

- **Verbos con raíz y terminaciones irregulares:**

Aller: (que) j'aille, tu ailles, il/elle aille, nous allions, vous alliez, ils/elles aillent

Faire: (que) je fasse, tu fasses, il/elle fasse, nous fassions, vous fassiez, ils/elles fassent

Pouvoir: (que) je puisse, tu puisses, il/elle puisse, nous puissions, vous puissiez, ils/elles puissent

Savoir: (que) je sache, tu saches, il/elle sache, nous sachions, vous sachiez, ils/elles sachent

Vouloir: (que) je veuille, tu veuilles, il/elle veuille, nous voulions, vous vou¬liez, ils/elles veuillent

- Las reglas para los cambios ortográficos de **algunos verbos** son las mismas que explicamos anteriormente en el presente de indicativo (ver **Capítulo 9 Presente**).

- **Algunos verbos son regulares** excepto en las personas **nous** y **vous** que utilizan las formas del imperfecto:

Boire: (que) je boive, tu boives, il/elle boive, **nous buvions, vous buviez**, ils/elles boivent.

Devoir: (que) je doive, tu doives, il/elle doive, **nous devions, vous deviez,** ils/elles doivent

Prendre: (que) je prenne, tu prennes, il/elle prenne, **nous prenions, vous preniez**, ils/elles prennent

Recevoir: (que) je reçoive, tu reçoives, il/elle reçoive, **nous recevions, vous receviez**, ils/elles reçoivent

Tenir: (que) je tienne, tu tiennes, il/elle tienne, **nous tenions, vous teniez**, ils/elles tiennent

Venir: (que) je vienne, tu viennes, il/elle vienne, **nous venions, vous veniez**, ils/elles viennent

5 Completa con el verbo correcto para cada frase.

ailles
fasses
veniez
deviez
saches
prenne

a. Nous sommes heureux que vous .... au restaurant avec nous !

b. Il faut que tu .... que je t'ai toujours dit la vérité.

c. Je voudrais que tu .... la vaisselle ce soir.

d. Il est probable que vous .... passer chez nous avant de partir.

e. Il se peut que ton père .... la voiture ce soir.

f. Il faut que tu .... chez le dentiste.

6 Conjuga los verbos entre paréntesis en presente de subjuntivo.

a. Il est étonnant que vous .... (boire) du vin !

b. Je doute qu'ils .... (aller) en Espagne cette année.

c. Il est possible que tu .... (recevoir) une lettre de tante Agathe.

d. Il faut que tu .... (tenir) la corde de ce côté.

e. J'ai peur que vous .... (faire) la queue pendant longtemps.

El subjuntivo después de conjunciones

Se utiliza el subjuntivo después de algunas expresiones como:

À condition que: *a condición de que*
Afin que: *para que, a fin de que*
À moins que: *a menos que*
Avant que: *antes de que*
Bien que: *aunque*
Jusqu'à ce que: *hasta que*
Pour que: *para que*
Pourvu que: *siempre que, siempre y cuando*
Quoique: *aunque*
Sans que: *sin que*

7 **Rellena los huecos con la conjunción adecuada de las que aparecen debajo.**

a. Je viendrai samedi, ... je ne vienne dimanche.

b. Je t'ai apporté cette couverture .... tu n'aies pas froid.

c. .... je n'aime pas le poisson, j'ai plutôt apprécié ce dîner.

d. .... il ne vienne pas avec sa femme. Quelle pimbêche !

e. Je continuerai les leçons .... je comprenne toutes les notions.

BIEN QUE | POUR QUE | JUSQU'À CE QUE | À MOINS QUE | POURVU QUE

Subjuntivo después de verbos y expresiones de deseo y sentimiento

El subjuntivo se utiliza después de:

Demander que : *pedir que*
Désirer que : *desear que*
Espérer que : *esperar que*
Préfèrer que : *preferir que*
Souhaiter que : *desear que*
Vouloir que : *querer que*
Avoir peur que : *tener miedo de que*
Craindre que : *temer que*
Être content que : *estar contento de que*
Être désolé que : *lamentar que*
Être heureux que : *estar feliz de que*
Être surpris que : *estar sorprendido de que*
Regretter que : *lamentar que*

8 Conjuga los verbos entre paréntesis.

a. Je souhaiterais que nous .... (gagner) au loto !

b. Il veut que tu .... (venir) avec ton fiancé.

c. J'ai peur que vous .... (finir) tout le gâteau !

d. Je suis surpris que tu .... (vouloir) retourner dans cet hôtel.

e. Je suis désolé que vous n' .... (avoir) pas fait bon voyage.

Subjuntivo después de verbos y expresiones de posibilidad y duda

El subjuntivo se utiliza después de:

Douter que : *dudar (de) que*
Il est douteux que : *es dudoso que*
Il est impossible que : *es imposible que*
Il est possible que : *es posible que*
Il est probable que : *es probable que*
Il semble que : *parece que*
Il se peut que : *puede que*

9 De la lista anterior, escoge la expresión correcta de posibilidad o duda según el contexto.

a. .... j'aie perdu encore une fois !

b. .... il y ait de l'orage demain. 70 % de probabilité selon le bureau de météorologie.

c. .... nous soyons sélectionnées pour l'équipe nationale ! Cela serait merveilleux !

d. .... ma jambe soit cassée. La radiographie nous en dira plus.

e. .... j'aie la rubéole. Je l'ai eue quand j'étais petit.

Subjuntivo después de expresiones impersonales

Tales como:

Il est bizarre que : *es extraño que*

Il est bon que : *es bueno que*

C'est dommage que : *es una pena que*

Il est essentiel que : *es esencial que*

Il est étonnant que : *es sorprendente que*

Il faut que : *hay que*

Il est important que : *es importante que*

Il est nécessaire que : *es necesario que*

Il est utile que : *es útil que*

Il vaut mieux que : *es mejor que*

Conjuga los verbos entre paréntesis en presente de subjuntivo.

a. Il serait étonnant que je ....**(recevoir)** une lettre d'Olivier. Cela fait des années que je n'ai pas eu de ses nouvelles.

b. C'est dommage que tu ne ....**(boire)** pas de cidre ! C'est tellement bon !

c. Il vaut mieux que nous ....**(aller)** au cinéma demain : ils annoncent de la pluie.

d. Il est bizarre que tu ....**(avoir)** un chien : je croyais que tu étais allergique !

e. Il faut que nous ....**(rendre)** nos livres à la bibliothèque avant samedi.

Otro uso del subjuntivo

- Se utiliza después de superlativos: **C'est le meilleur livre que j'aie jamais lu !** (*¡Es el mejor libro que he leído!*)
- El subjuntivo también se utiliza después de expresiones indefinidas como **où que** (*donde sea*), **qui que** (*quienquiera*), **quoi que** (*cualquiera*), **quel que** (*lo que sea*): **Où que tu sois, je te trouverai !**
- También se utiliza después de verbos de creencia y pensamiento, tales como **croire**, **penser**, cuando están en forma negativa: **Je ne pense pas qu'il soit allé au théâtre**.

11 Completa las siguientes frases. 

a. C'est le meilleur film que j' .... jamais vu !

b. .... tu ailles, je penserai à toi.

c. .... tu fasses, je t'aimerai toujours.

d. Je ne crois pas qu'il .... allé en ville.

e. Je ne pense pas qu'il .... de viande.

¡Felicidades! ¡Has completado el capítulo 18! Es el momento de sumar los iconos y escribir el resultado en la página 128 para tu evaluación final.

Pretérito perfecto simple

El pretérito perfecto simple (*Le passé simple*)

- Aunque el pretérito perfecto simple se utiliza muy poco en el lenguaje hablado, todavía se emplea en los escritos formales. Es un tiempo literario. Se utiliza para describir acciones únicas y completadas en el pasado. Se utiliza generalmente para los relatos, los escritos históricos y en un estilo formal periodístico. Su uso es similar al uso del pretérito perfecto (**passé composé**) pero en escritos formales.
- La mayoría de los verbos son regulares. El pretérito perfecto simple de los verbos regulares se forma eliminando las terminaciones del infinitivo y añadiendo las siguientes terminaciones. Hay tres tipos de terminaciones:

	Verbos en -er	La mayoría de verbos en -ir Algunos verbos en -re o -oir	Otros
Je/J'	regard -ai	fin -is	voul -us
Tu	regard -as	fin -is	voul -us
Il/Elle	regard -a	fin -it	voul -ut
Nous	regard -âmes	fin -îmes	voul -ûmes
Vous	regard -âtes	fin -îtes	voul -ûtes
Ils/Elles	regard -èrent	fin -irent	voul -urent

1 **Subraya todos los verbos conjugados en pretérito perfecto simple en el siguiente relato.**

Il était une fois un meunier qui, lorsqu'il mourut, légua tous ses biens à ses trois fils. L'aîné hérita d'un moulin, le cadet d'un âne, et le plus jeune, Paul, d'un chat. « Lorsque je l'aurai mangé, soupira-t-il, il ne me restera plus qu'à mourir de faim ! » Mais le chat l'entendit et prépara un plan : « Ne me mangez pas, Maître. Si vous me laissez en vie, je vous apporterai tout ce que vous désirez. » Paul était sceptique, mais fit ce que le chat lui demandait : « Aussi, si quelqu'un vous le demande, vous vous appelez désormais monsieur le Marquis de Carabas », ajouta le chat.
Le chat mit de la nourriture dans son sac et s'allongea sur le sol, comme mort.

2 Conjuga los verbos entre paréntesis en pretérito perfecto simple.

a. La réunion .... (débuter) à 10 heures.

b. Clément et Zoé .... (arriver) à l'aéroport à l'heure.

c. Nous .... (attendre) pendant des heures. La tension .... (monter).

d. Vous .... (partir). La maison .... (sembler) vide.

e. Je .... (prendre) beaucoup de photos ce jour-là.

« Avoir » y « être »

Avoir (*tener*) y **être** (*ser, estar*) son irregulares:

AVOIR
J'eus
Tu eus
Il/Elle eut
Nous eûmes
Vous eûtes
Ils/Elles eurent

ÊTRE
Je fus
Tu fus
Il/Elle fut
Nous fûmes
Vous fûtes
Ils/Elles furent

Completa las siguientes frases conjugando el verbo AVOIR.

a. Elles .... soudain très soif.

b. Nous .... l'idée d'aller au cinéma tous ensemble.

c. Lorsqu'elle ouvrit la fenêtre, j'.................... très froid.

d. Il .... une peur bleue lorsque la foudre tomba sur la maison voisine !

e. Ils .... beaucoup de difficultés à organiser ce voyage.

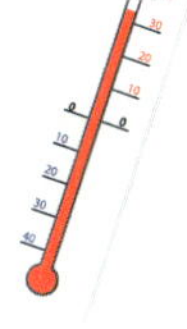

 Completa las siguientes frases conjugando el verbo ÊTRE. 

a. Ils .... les premiers soldats américains à Paris.

b. Nous .... très surpris.

c. Louis de Funès .... très célèbre dans les années 1970.

d. Tu .... un des élèves les plus populaires du lycée !

e. Vous .... très heureux de réussir votre examen.

Verbos irregulares

Los verbos acabados en **-oir** son irregulares. Aquí tienes una lista de algunos verbos irregulares:

Aller : j'allai, tu allas, il/elle alla, nous allâmes, vous allâtes, ils/elles allèrent

Boire : je bus, tu bus, il/elle but, nous bûmes, vous bûtes, ils/elles burent

Connaître : je connus, tu connus, il/elle connut, nous connûmes, vous connûtes, ils/elles connurent

Courir : je courus, tu courus, il/elle courut, nous courûmes, vous courûtes, ils/elles coururent

Croire : je crus, tu crus, il/elle crut, nous crûmes, vous crûtes, ils/elles crurent

Devoir : je dus, tu dus, il/elle dut, nous dûmes, vous dûtes, ils/elles durent

Dire : je dis, tu dis, il/elle dit, nous dîmes, vous dîtes, ils/elles dirent

Écrire : j'écrivis, tu écrivis, il/elle écrivit, nous écrivîmes, vous écrivîtes, ils/elles écrivirent

Faire : je fis, tu fis, il/elle fit, nous fîmes, vous fîtes, ils/elles firent

Falloir : il fallut

Mettre : je mis, tu mis, il/elle mit, nous mîmes, vous mîtes, ils/elles mirent

Prendre : je pris, tu pris, il/elle prit, nous prîmes, vous prîtes, ils/elles prirent

Savoir : je sus, tu sus, il/elle sut, nous sûmes, vous sûtes, ils/elles surent

Tenir : je tins, tu tins, il/elle tint, nous tînmes, vous tîntes, ils/elles tinrent

Venir : je vins, tu vins, il/elle vint, nous vînmes, vous vîntes, ils/elles vinrent

Voir : je vis, tu vis, il/elle vit, nous vîmes, vous vîtes, ils/elles virent

5 Subraya los verbos IRREGULARES en pretérito perfecto simple en el siguiente relato.

Le Petit Poucet dut se lever de bon matin et prit le chemin du ruisseau. Il emplit ses poches de petits cailloux blancs et revint ensuite à la maison. Il alla dans une forêt dense. Le bûcheron se mit à couper du bois et les enfants ramassèrent des brindilles. Lorsque les parents virent que les enfants étaient occupés, ils s'enfuirent rapidement. Le Petit Poucet courut partout pour retrouver ses parents mais dut renoncer, tristement.

6 Conjuga los siguientes verbos irregulares en pretérito perfecto simple.

a. Elle .... **(mettre)** sa robe rapidement pour ne pas être en retard !

b. Ils .... **(reconnaître)** le bandit et lui .... **(courir)** après.

c. Je .... **(savoir)** immédiatement que quelque chose lui était arrivé.

d. Nous .... **(aller)** au restaurant après la cérémonie.

e. Tu .... **(être)** obligée de prendre le train plus tard que prévu suite aux intempéries.

Verbos acabados en -ger y -cer

- Los verbos acabados en **-ger** (como **manger**) cambian la **-g** por **-ge** y los acabados en **-cer** (como **lancer**) cambian la **-c** por **-ç** para mantener el sonido suave.
- Este cambio se produce en todas las personas excepto en la tercera persona del plural:

Manger = je man**ge**ai, tu man**ge**as, il/elle man**ge**a, nous man**ge**âmes, vous man**ge**âtes, ils/elles mangèrent

Lancer = je lan**ç**ai, tu lan**ç**as, il/elle lan**ç**a, nous lan**ç**âmes, vous lan**ç**âtes, ils/elles lancèrent

7 Conjuga los siguientes verbos en pretérito perfecto simple.

a. Ils .... (avancer) dans la neige avec difficulté.

b. Nous .... (voyager) pendant deux mois !

c. Il .... (neiger) toute la journée et toute la nuit sans interruption.

d. Vous .... (commencer) la réunion sans Romain, qui était en retard.

e. Martin .... (remplacer) David qui était malade.

f. Vous .... (nager) pendant deux heures : quelles athlètes !

8 Verbos regulares e irregulares. Completa el crucigrama.

Vertical
1. J' .... **(habiller)**
2. Nous .... **(tenir)**
3. Ils .... **(finir)**
4. Elle .... **(remplacer)**

Horizontal
5. Il............... **(hurler)**
6. Nous .... **(boire)**
7. Il .... **(falloir)**
8. Elle .... **(regarder)**
9. Elles .... **(placer)**

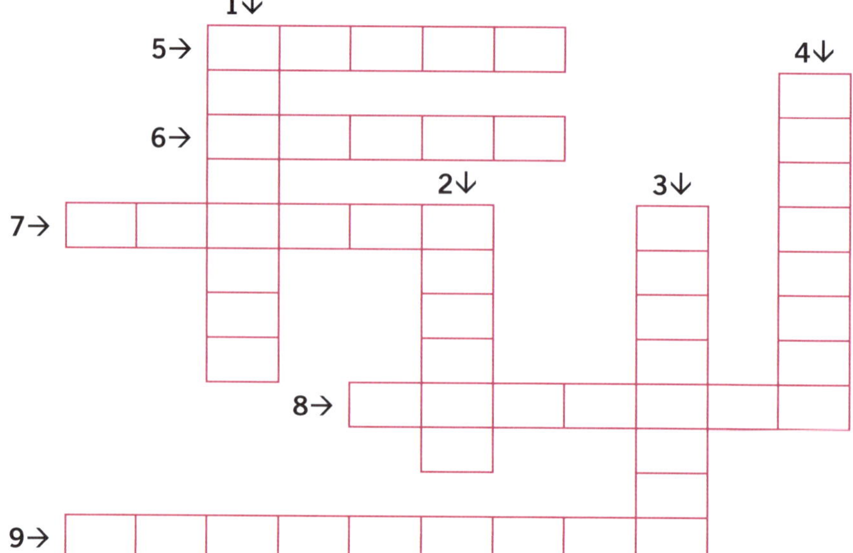

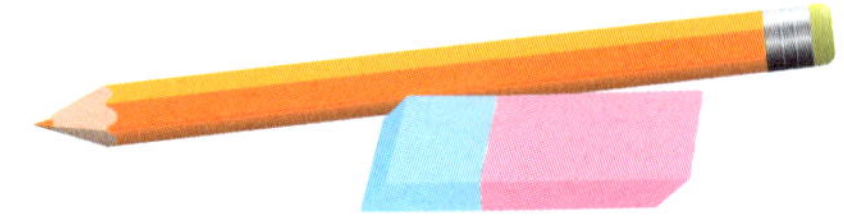

9 La gallinita roja: completa el siguiente relato con el verbo correcto en el lugar adecuado.

Il était une fois une petite poule rousse qui .... de chez elle pour aller en ville. Elle .... la clé dans sa poche mais sa poche avait un trou et la clé .... par terre. La petite poule ne le .... pas et .... son chemin. Maître Renard .... Il n'avait qu'une envie : manger la poulette ! Lorsqu'il .... la clé sur le sol, il la .... et .... ouvrir la porte de la maisonnette.

apparut

sortit

aperçut

vit

courut

poursuivit

mit

ramassa

tomba

¡Felicidades! ¡Has completado el capítulo 19! Es el momento de sumar los iconos y escribir el resultado en la página 128 para tu evaluación final.

20

Juegos de repaso

1 **Expresiones y frases hechas divertidas en francés. Escribe el artículo (definido o indefinido) en las siguientes oraciones.**

a. J'ai .... cafard. (masc.)
➜ *lit. > Tengo la cucaracha. = Estoy deprimido.*

b. Tu me casses .... oreilles !
➜ *lit. > Me rompes las orejas. = Estás armando mucho jaleo.*

c. Il m'a posé .... lapin !
➜ *lit. > Me puso un conejo. = Me dejó plantado.*

d. C'est .... fin .... haricots !
➜ *lit. > Es el final de las judías. = Se acabó lo que se daba.*

e. Arrête de faire .... andouille ! (tipo de embutido)
➜ *lit. > ¡Deja de hacer la morcilla! = ¡Deja de hacer el tonto!*

2 **Ordena las letras de los siguientes anagramas para encontrar nombres de profesiones y tradúcelas al español.**

a. preesfousr = un ....

b. canuhetr = un ....

c. veesudne = une ....

d. méecdin = un ....

e. iégienunr = un ....

f. seuvrer = un ....

g. cceiogrne = un ....

h. blugeonar = un ....

3 **Encuentra y subraya el intruso en las siguientes series de palabras.**

a. as – est – avez – ont – ai

b. mangé – choisi – fait – étant – porté

c. te – lui – me – je – leur

d. Français – Mexique – Australien – Hollandais – Italien

e. bleu – rouge – vert – chat – rose

 Completa el crucigrama con adjetivos a partir de las definiciones. 

Vertical
1. Ils sont généreux, prévenants, attentionnés.
2. Contraire de maigre.
3. Il n'arrête pas de parler.
4. Il est beau, mignon.
5. Elle a du chagrin ; elle a envie de pleurer.
6. Il ne rit pas et a l'air grave.
7. Elle est de grande taille.

Horizontal
8. Elles sont réelles, exactes.
9. Contraire de mauvaise.
10. Qui peut attendre ; persévérant.
11. Contraire de petit.
12. Il est âgé.
13. Certain ou sécurisé.
14. Il cherche à faire du mal.

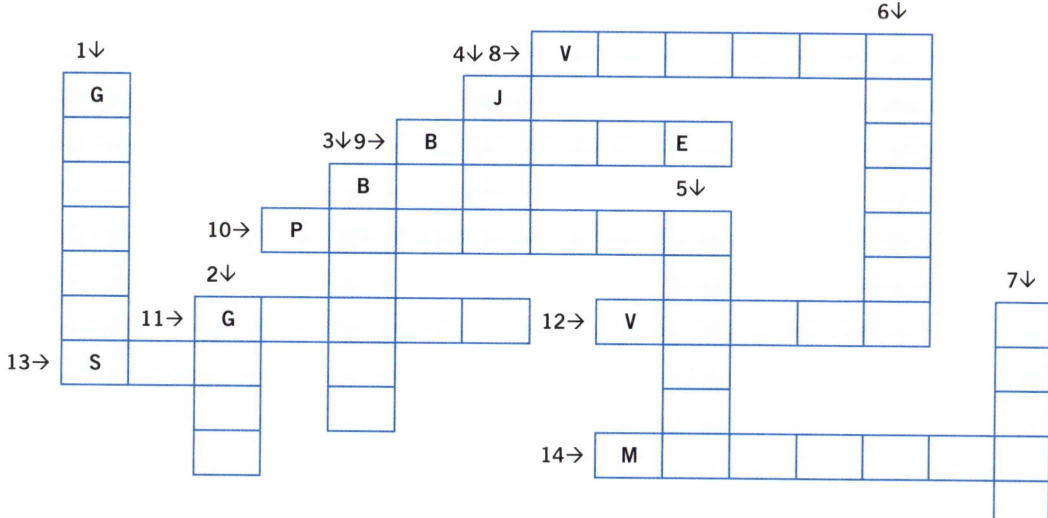

5 Ordena las palabras para formar oraciones con sentido.

a. allé / avec / Quentin / amis / est / cinéma / au / ses :
....

b. l' / grand / faire / Je / un / pense / prochaine / voyage / année :
....

c. une / Ils / pour / anniversaire / organiseront / Marion / fête / d' :
....

d. lorsque / faisais / porte / la / la / as / à / Je / sieste / frappé / tu
....

e. dès / travail / commencera / Eva / retour / le / son
....

6 ¿Recuerdas las conjugaciones regulares e irregulares? Completa la siguiente tabla para comprobarlo.

Verbo	Presente	Pret. perfecto	Futuro	Condicional	Imperfecto
Regarder	Je regarde	J'	Je regarderai	Je	Je ....
Faire	Tu	Tu	Tu feras	Tu	Tu faisais
Vendre	Il vend	Il	Il	Il vendrait	Il ....
Finir	Nous	Nous avons fini	Nous finirons	Nous	Nous ....
Boire	Vous	Vous	Vous boirez	Vous	Vous buviez
Aller	Elles vont	Elles	Elles	Elles iraient	Elles ....

7 Es hora de relacionar las horas escritas con los relojes.

01:30
12:00
02:15

Il est une heure trente.
Il est quatre heures et demie.
Il est onze heures moins le quart.
Il est deux heures et quart.
Il est midi.
Il est huit heures moins dix.
Il est trois heures vingt-cinq.

10:45
04:30
07:50
03:25

8 Sopa de conectores.

Ainsi
Néanmoins
Pourtant
Mais
Aussi
Car
Donc
Quand
Quoique
Lorsque
Comme
Toutefois

R	E	H	A	C	O	M	M	E	P
G	A	T	I	S	S	O	N	L	O
A	B	O	N	N	U	G	M	O	U
Q	Y	N	S	A	C	I	O	R	R
B	U	K	I	U	J	A	V	S	T
G	Q	O	X	D	Q	F	R	Q	A
M	U	S	I	R	O	I	L	U	N
O	A	B	M	Q	C	N	A	E	T
M	N	X	B	E	U	O	C	Q	L
A	D	O	L	G	F	E	R	A	I
I	T	O	U	T	E	F	O	I	S
S	R	D	J	A	U	S	S	I	A
N	E	A	N	M	O	I	N	S	O

9 Forma oraciones utilizando un segmento de cada columna.

Ej.: Elles	as compris	au cinéma hier.
a. J'	a été	ma tarte aux pommes ?
b. Il	sommes partis	toute la nuit !
c. Vous	ai rêvé	à 8 heures.
d. Tu	avez aimé	l'exercice de grammaire ?
e. Nous	ont dansé	que je gagnais au loto !

Ej.: Elles ont dansé toute la nuit !

a. ....

b. ....

c. ....

d. ....

e. ....

10 Se han mezclado los números y las formas escritas. ¿Puedes relacionarlos?

1. 46 •	• a. cent cinquante-deux
2. 99 •	• b. cinq cent deux
3. 318 •	• c. quarante-six
4. 72 •	• d. six cent quatre-vingt-trois
5. 502 •	• e. mille huit
6. 152 •	• f. trois cent dix-huit
7. 1008 •	• g. soixante-douze
8. 683 •	• h. quatre-vingt-dix-neuf

¡Felicidades! ¡Has completado el capítulo 20! Es el momento de sumar los iconos y escribir el resultado en la página 128 para tu evaluación final.

1. Alfabeto y pronunciación

2 **a.** Une mère = una madre – **b.** Peut-être = quizás – **c.** Noël = Navidad – **d.** Une leçon = una lección – **e.** Le présent = el presente – **f.** Tôt = pronto – **g.** Un garçon = un chico – **h.** Le passé = el pasado

3 **a.** père – **b.** Noël – **c.** glaçons – **d.** passé – **e.** même

4 **froid** = frío – **porc** = cerdo – **trois** = tres – **vous** = vosotros/vosotras/usted – **abricot** = albaricoque – **chez** = a (casa de) – **mot** = palabra – **chat** = gato – **salut** = hola – **outil** = herramienta – **estomac** = estómago – **beaucoup** = mucho – **trop** = demasiado – **nerf** = nervio – **deux** = dos

5 **Letra muda:** poule – lourd – froid
Letra sonora: Turc – œuf – four – ours – hiver

7

Frase	Sí	No
Un homme	✓	
Les élèves	✓	
Les haricots		✘
Les vieux éléphants	✓	
Le petit ami	✓	
Les yeux	✓	

8

	1	2	3	4	5	6	7	8	9	10
A					M			H		
B	V			B	O	N	J	O	U	R
C	O			E	T			M		A
D	U			A				M		V
E	S	A	L	U	T			E		I
F				C						E
G		F	R	O	I	D		M		
H				U		E	L	E	V	E
I	T	R	O	P		U		R		
J						X		E		

9 « Mon **père** est **rentré** hier soir du Venezuela pour **fêter Noël** en famille. Il veut des **festivités françaises** ! C'est **génial d'être** enfin ensemble ! C'est l'heure des cadeaux et des escargots ! Nous allons nous **régaler** ! Quelle **fête** cela sera ! »

2. Artículos y sustantivos

1

Nouns	M	F	P
Salon	✓		
Chambre		✓	
Toilettes			✓
Cave		✓	
Grenier	✓		
Cuisine		✓	

2

Masc. sing.	Fem. sing.	Masc. plu.
Un ami	Une amie	**Des amis**
Un Français	**Une Française**	**Des Français**
Un marchand	**Une marchande**	Des marchands
Un marié	**Une mariée**	**Des mariés**
Un avocat	Une avocate	**Des avocats**
Un invité	**Une invitée**	Des invités

3 **a. La** maison est grande ! – **b. Les** filles sont très jolies ! – **c. Les** enfants sont gentils. – **d. L'**eau est trop froide ! – **e. Le** garçon joue au football. – **f. L'**homme est très grand !

4 Le garçon – La chambre – L'araignée – Les chaussures – Le vent

5 **a.** Il y a **un** chat sur le toit. – **b.** As-tu **des** crayons dans ta trousse ? – **c.** Je mange **des** gâteaux tous les jours. – **d.** Il veut **une** guitare pour Noël. – **e.** Nous avons **un** chien.

6 « Garçon, s'il vous plaît ! Je voudrais **une** pizza avec **des** champignons, **du** jambon et **de la** sauce tomate. Je veux **la** pizza rapidement car j'ai très faim ! J'aimerais aussi **de l'**eau ! Merci ! »

7 **a.** Tu **n'**as **pas** de jardin. – **b.** Nous **n'**avons **pas** d'enfants. – **c.** Ils **n'**ont **pas** de gentils parents. – **d.** Je **n'**ai **pas** de maison. – **e.** Elles **n'**ont **pas** d'amis.

8 un avocat = un abogado – un chanteur = un cantante – un professeur = un profesor – un serveur = un camarero – un concierge = un conserje – un écrivain = un escritor – un ingénieur = un ingeniero

9

Masculino	Feminino
Un vendeur	**Une vendeuse**
Un musicien	Une musicienne
Un acteur	**Une actrice**
Un boulanger	Une boulangère
Un étudiant	Une étudiante
Un maître	**Une maîtresse**
Un paysan	**Une paysanne**
Un secrétaire	Une secrétaire
Un dentiste	**Une dentiste**
Un professeur	**Une professeure/Un professeur**

3. Pronombres (parte 1)

1 **a. Tu** es très grande ! – **b. Elle** a quarante-cinq ans. – **c. Nous** sommes Canadiens. – **d. Elles** adorent les araignées ! – **e. Vous** êtes très élégantes !

2 **a. Elles** sont au Kenya. – **b. Vous** êtes au cinéma ? – **c. Elle** est heureuse. – **d. Nous** sommes à la boulangerie. – **e. Je** suis allergique au pollen.

3 **a.** Il **est** peintre. – **b.** Nous **sommes** étudiants. – **c.** Elles **sont** actrices. – **d.** Vous **êtes** boulangers ? – **e.** Je **suis** traducteur.

4 **a.** J'**ai** 45 ans. – **b.** Nous **avons** un chien. – **c.** Ils **ont** trois vélos. – **d.** Tu **as** une moto ? – **e.** Elle **a** deux maisons.

5 **a.** Philippe **est** ingénieur. – **b.** Karine **a** un chien et deux hamsters. – **c.** Clémentine **est** très jolie. – **d.** Nicolas **est** gentil. – **e.** Oriane **a** une belle robe.

6 **a. Elle** est courageuse. – **b. Vous** avez une belle voiture ! – **c. Nous** sommes en Australie. – **d. Ils** sont petits. – **e. Je** suis Belge.

7 **a.** Je **l'**aime ! – **b.** Tu **m'**attends quelques minutes ? – **c.** Elles **nous** ont invités au restaurant. – **d.** Je **vous** ai vus au cinéma. – **e.** Stéphanie **t'**attend depuis une heure.

8 **a.** le train – **b.** Maéva ou Bruno – **c.** la fourchette – **d.** ses cousins ou ses cousines – **e.** toi et ton amie

9 **a.** Il **lui** a dit bonjour. – **b.** Je **vous** ai donné une lettre. – **c.** Marie **nous** pose une question. – **d.** Elle **lui** téléphone tous les dimanches. – **e.** Ton père **t'**a répondu.

10

						5	
					6	L	A
				3		E	
			4	N	O	U	S
			1	O		R	
	8	7	L	U	I		
2	V	O	U	S			
	O		I				
	U						
	S						

4. Adjectivos

1

Masc. sing.	Fem. sing.	Masc. plu.	Fem. plu.
Français	Française	**Français**	Françaises
Mexicain	Mexicaine	Mexicains	Mexicaines
Grand	Grande	Grands	**Grandes**
Gros	Grosse	**Gros**	Grosses
Poli	**Polie**	Polis	Polies
Beau	Belle	Beaux	**Belles**
Bon	**Bonne**	Bons	Bonnes
Vieux	Vieille	Vieux	Vieilles

2 **a.** Elle est vraiment très **gentille** ! – **b.** Ces chiens sont **méchants**. – **c.** Sois **patient** Sébastien. – **d.** Elles sont vraiment **bavardes** ! – **e.** Oh Marceau, avec un tel sourire, toi, tu es **amoureux** ! – **f.** Ils sont tellement **maladroits** !

3 **a.** Oh, regarde ! Quel **beau** paysage ! – **b.** J'aime beaucoup cette robe **rouge**. – **c.** C'est une fille **jalouse**. – **d.** Quel **joli** tableau ! – **e.** C'était un **long** voyage.

4 **a.** Mon ami est **anglais**. – **b.** Cette fille est **coréenne**. – **c.** Ses parents sont **finlandais**. – **d.** Ce groupe de musique est **canadien**. – **e.** Les joueurs de cette équipe sont **chinois**. – **f.** Les chanteuses de cette chorale sont **américaines**.

5

Banderas	Masc. sing.	Fem. sing.	Masc. pl.	Fem. pl.
	Hollandais	Hollandaise	Hollandais	Hollandaises
	Espagnol	Espagnole	Espagnols	Espagnoles
	Italien	Italienne	Italiens	Italiennes
	Suédois	Suédoise	Suédois	Suédoises
	Irlandais	Irlandaise	Irlandais	Irlandaises
	Norvégien	Norvégienne	Norvégiens	Norvégiennes
	Japonais	Japonaise	Japonais	Japonaises
	Mexicain	Mexicaine	Mexicains	Mexicaines
	Brésilien	Brésilienne	Brésiliens	Brésiliennes
	Allemand	Allemande	Allemands	Allemandes

6

Colores	Masc. sing.	Fem. sing.	Masc. pl.	Fem. pl.
	Violet	Violette	Violets	Violettes
	Vert	Verte	Verts	Vertes
	Bleu	Bleue	Bleus	Bleues
	Orange	Orange	Orange	Orange
	Gris	Grise	Gris	Grises
	Blanc	Blanche	Blancs	Blanches
	Noir	Noire	Noirs	Noires
	Rouge	Rouge	Rouges	Rouges
	Marron	Marron	Marron	Marron
	Rose	Rose	Roses	Roses

7 **a.** De belles chaussures **bleues**. – **b.** De très jolies fleurs **jaunes**. – **c.** De beaux pulls **marron**. – **d.** Une élégante cravate **noire**. – **e.** Un buisson **vert**.

8 **a.** J'ai beaucoup aimé **ce** film ! – **b.** Quelle horreur ! **Cette** pomme était pourrie ! **c. Ces** enfants sont très bruyants. – **d.** Peux-tu me passer **ce** plat, s'il te plaît ? – **e. Cet** homme a une cravate rigolote !

9 **a.** As-tu vu **mon** livre ? Je ne le trouve pas ! – **b. Ses** sœurs sont très grandes ! – **c.** J'adore **leur** chien ! Il est très amusant ! – **d. Son** amie s'appelle Éléanore. – **e. Ton** père est très gentil Anne !

10 **a.** Il a des cheveux bruns/marron. – **b.** Son père est français. – **c.** Leur chat est blanc. – **d.** Elle s'est lavé les cheveux hier. – **e.** Votre maison est très grande !

5. Comparativos y superlativos

1 a. Son chat est **moins rapide que** son chien ! – **b.** Floriane est **aussi jolie que** Martine. – **c.** Ce livre est **plus intéressant que** celui-là. – **e.** Laurent est **moins gentil que** Sylvain. – **f.** Ta maison est **aussi grande que** la mienne.

2 a. Esta mesa es más grande que aquella. – **b.** Alexandre es tan deportista como Julien. – **c.** Sophie es menos guapa que Karine. – **d.** Julien es tan divertido como Lily. – **e.** La bolsa azul es más grande que la bolsa negra.

3 a. Elles sont plus **bavardes** que nous. – **b.** Marion est aussi **belle** que Sophie. – **c.** Emmanuel est aussi **intelligent** que Claire. – **d.** Louis et Gabriel sont moins **gentils** que Catherine et Jennifer. – **e.** L'arbre de droite est plus **petit** que l'arbre de gauche.

4 **Adjetivos:** Gentil – Belle
Adverbios: Rapidement – Mieux – Facilement – Malheureusement

5 a. Rare > **Rarement** – **b.** Poli > **Poliment** – **c.** Courageux > **Courageuse** > **Courageusement** – **d.** Prudent > **Prudemment** – **e.** Parfait > **Parfaite** > **Parfaitement**

6 a. C'est **la** plus belle maison du quartier. – **b.** Ce sont les garçons **les** plus polis de la classe ! – **c.** Ce sont **les** robes les plus laides du magasin. – **d.** C'est **le** chien le plus méchant du parc. – **e.** C'est **la** fille la plus jolie du village.

7 a. Ces fleurs sont les plus **colorées** du jardin. – **b.** Elle est la plus **active** de sa classe. – **c.** Ce bébé est le plus **mignon** que je connaisse. – **d.** Leurs voitures sont les plus **propres** de la rue ! – **e.** Jeanne est la femme la plus **maladroite** !

8 a. C'est la maison **la** plus chère du quartier. – **b.** Sophie est la fille **la** moins sportive du groupe. – **c.** Jonathan est le garçon le plus rapide **de** son club. – **d.** Les dattes sont les fruits **les** plus sucrés. – **e.** Joséphine est la plus maligne **de** l'école.

9 a. Élisa est **aussi étourdie que** Vanessa. – **b.** C'est **le meilleur** gâteau du menu. – **c.** Ils sont **plus timides que** leurs parents. – **d.** Audrey est la fille **la plus généreuse que** je connaisse. – **e.** Ce livre est **le pire que** j'aie jamais lu.

6. Oraciones y estructuras

1	Sujeto	Verbo	Complemento
a.	Il	mange	du gâteau.
b.	Nous	avons vu	Charles et Simon.
c.	Vous	chantez	une belle mélodie.
d.	Elle	donne	des bonbons.
e.	Nous	aimons	les films de science-fiction.

2 a. Julie a invité ses amis au restaurant. – **b.** Sylvain a acheté une nouvelle voiture. – **c.** Son pull est très joli. – **d.** Christian voyage souvent en train. – **e.** Léon prend son petit déjeuner à 8 heures.

3 a. Estelle **n'est plus** malade. – **b.** Martine **n'a ni** chat **ni** chien. – **c.** Stéphanie **n'est pas** méchante. – **d.** Roger **n'a jamais** mangé de calamar. – **e.** Julian **n'a rien** bu hier soir.

4 a. Achille **n'aime pas** les fraises. – **b.** Violette **ne** joue **pas / jamais** au tennis. – **c.** Romain **n'est pas** blond. – **d.** Séverine **n'aime pas** les films d'aventure. – **e.** Olivier **n'est pas** petit.

5 a. Est-ce que Ginette aime les poires ? – **b.** Françoise parle-t-elle le chinois ? – **c.** Est-ce que Marine vit en Australie ? – **d.** Peut-il venir me voir ? – **e.** Veut-elle écouter mon CD ?

6 a. Est-ce qu'il déteste les chats ? – **b.** Est-ce que tu vas au cinéma ? – **c.** Est-ce que vous regardez la télé ? – **d.** Est-ce qu'ils sont allés en Italie ? – **e.** Est-ce qu'elle aime ma confiture ?

7 a. **À quelle heure** son train arrive-t-il à la gare ? – **b. Qui** a mangé mon yaourt ? – **c. Combien** ce collier coûte-t-il ? – **d. Comment** es-tu rentré ? – **e. Que** fait-il dans sa chambre ?

8 a. Comment vas-tu ? – **b.** Où habite-t-il ? – **c.** Combien de temps le film a-t-il duré ? – **d.** Pourquoi Sophie est-elle rentrée ? – **e.** Qui a cassé le vase ?

9 a. ¡No comas esta fruta! Está verde. – **b.** Mi nieta es muy buena, siempre me ayuda a cruzar la calle. – **c.** Es una flor muy delicada. – **d.** El gazpacho que prepara mi madre está muy rico. – **e.** Fumar es malo para la salud.

10 « Allô, Louise ? **Où** es-tu ? Nous sommes inquiets. Nous **ne** savons **pas** où tu es. **Qu'est-ce que** tu fais ? **Pourquoi** n'as-tu pas téléphoné ? **Ne** recommence **jamais** ! »

7. Pronombres (parte 2)

1 a. Elle **se** réveille à 7 heures tous les matins. – **b.** Je **me** souviens de Bruno. – **c.** Nous **nous** sommes encore disputés. – **d.** Vous **vous** téléphonez souvent ? – **e.** Il ne **s'est** pas rasé ce matin. **[te]** n'est pas utilisé.

2 a. Elle **se lève** très tôt le mardi matin. – **b.** Je **m'habille** toujours en jean ! – **c.** Il ne **se lave** jamais. Quelle horreur ! – **d.** Nous **nous amusons** beaucoup ! Vive les vacances ! – **e.** Vous **vous couchez** à quelle heure le samedi soir ?

3 **Les montres** = Celles – **L'enfant** = Celui – **La chambre** = Celle – **Les jupes** = Celles – **Le manteau** = Celui – **Les livres** = Ceux

4 a. Celui-ci – **b.** Celle-ci – **c.** Ceux-là – **d.** Celui-là – **e.** Ceux-ci.

5 a. **Que** fais-tu dans la cuisine ? – **b. Qui** a pris mon manteau ? – **c. Que** veut-il faire ce soir ? – **d. Qui** est ce jeune homme ? – **e. Qui** a apporté le gâteau ?

6 « **Quelle** robe veux-tu mettre aujourd'hui ? – Je ne sais pas. Celle qui est jolie. – **Laquelle** ? – La bleue. – Et **quelles** chaussures veux-tu porter ? – Celles qui sont confortables. Mais **lesquelles** ? – Les sandales. Et **quel** chapeau aimerais-tu ? Celui avec une fleur. Merci ! » **[lequel]** n'est pas utilisé.

7 a. J'aime **la leur**. – **b.** J'aime **le sien**. – **c.** J'aime **les nôtres**. – **d.** J'aime **la tienne**. – **e.** J'aime **les siennes**.

8 **a.** L'enfant **qui** pleurait était perdu. – **b.** Le dernier film **que** j'ai vu était merveilleux. – **c.** La tarte **que** maman a préparée est délicieuse ! – **d.** Je connais la femme **qui** est devant la boutique. – **e.** Je déteste le parfum **que** tu portes aujourd'hui.

9 **a.** Le bébé a pleuré toute la nuit, **ce que** j'ai trouvé fatigant. – **b.** Il pleut encore, **ce qui** est très ennuyeux. – **c.** Je t'ai dit de ranger ta chambre, **ce que** je t'ai déjà demandé trois fois ! – **d.** Le professeur est absent, **ce qui** signifie que nous pouvons rentrer chez nous. – **e.** Il a amené des fleurs, **ce que** je trouve très gentil.

10 **a.** As-tu des livres? Oui j'**en** ai. – **b.** Est-il passé au bureau ? Oui, il **y** est allé. – **c.** As-tu acheté des poires ? Non, je n'**en** ai pas acheté. – **d.** Avons-nous des stylos noirs ? Oui, nous **en** avons. – **e.** Jacques était-il au magasin ? Non, il n'**y** était pas.

8. Números y horas

1 8 = **huit** – 14 = **quatorze** – 21 = **vingt et un** – 50 = **cinquante** – 70 = **soixante-dix** – 76 = **soixante-seize** – 80 = **quatre-vingts** – 90 = **quatre-vingt-dix** – 200 = **deux cents** – 2 000 = **deux mille**.

2 2 + 5 = **sept** – 10 x 8 = **quatre-vingts** – 9 x 2 = **dix-huit** – 10 000 : 10 = **mille** – 51 + 22 = **soixante-treize** – 30 – 9 = **vingt et un** – 35 + 39 = **soixante-quatorze** – 216 : 6 = **trente-six**

3 El número 11 = **onze** es diferente, es el único número impar. ¡Todos los demás son pares!

4 4[e] = **quatrième** – 9[e] = **neuvième** – 16[e] = **seizième** – 17[e] = **dix-septième** – 21[e] = **vingt et unième** – 26[e] = **vingt-sixième** – 1 000[e] = **millième**.

5 **a.** quarantième – **b.** cent vingt-neuvième – **c.** premier – **d.** soixantième – **e.** millième – **f.** trentième.

6 Mardi – Jeudi – Samedi – Dimanche.

7 Février – Avril – Juin – Août – Octobre – Décembre.

8 **a.** Vi a Jean-Philippe anteayer. – **b.** ¿Qué hiciste al día siguiente? – **c.** ¿Quieres ir al cine el próximo viernes? – **d.** Marie vio esta película el martes pasado. – **e.** ¡Hoy hace realmente buen tiempo!

9 **a.** treize heures quinze / et quart – **b.** seize heures trente – **c.** quatre heures quarante-cinq / cinq heures moins le quart – **d.** vingt heures quarante – **e.** dix heures vingt-cinq.

10 Lundi à **neuf heures** M. Dupouy doit se rendre à une réunion qui a lieu au bureau. À **midi et demi** il déjeune avec M. Gosseaume à la Brasserie Dijonnaise puis à **quatorze heures dix** il participe à la présentation du nouveau produit de la compagnie. Le soir même à **dix-huit heures vingt-cinq** il prend l'avion pour Paris.

Le lendemain, M. Dupouy a un rendez-vous avec Dr Garrant à **neuf heures trente**, suivi d'une réunion à La Défense à **onze heures**. Il doit déjeuner à Montmartre à **midi vingt** avec son ami Bastian puis se rendre à l'aéroport pour son vol de **quatorze heures quinze**. Il dîne avec sa femme Marie à **dix-neuf heures**.

Le mercredi, M. Dupouy a un déjeuner avec un collaborateur à **huit heures vingt** puis il doit se rendre à une conférence à **treize heures quarante-cinq** à Dijon. À **dix-huit heures**, il doit aller à l'école de son fils pour rencontrer l'instituteur.

11 **a.** 90 € – **b.** 6 pièces de 50 cents – **c.** 3 lapins et 2 poules – **d.** 800 minutes (13 heures et 20 minutes).

9. Presente

1 **a. Tu** marches vite. – **b. Elles** chantent sous la pluie. – **c. Je** porte des chaussures. – **d. Nous** aidons les sans-abri. – **e. Vous** dansez très bien ! – **f. Ils** pensent trop !

2 **a.** Les touristes **visitent** le musée. – **b.** Tu **portes** une jolie jupe. – **c.** Nous **aimons** la musique classique. – **d.** À quelle heure **arrivez**-vous ? – **e.** Il **chante** très bien.

3 **a.** Je **travaille** dans l'informatique. – **b.** Tu **visites** ce musée souvent ? – **c.** Il **débute** le travail à 10 heures. – **d.** Nous **dessinons** ce château régulièrement. – **e.** Vous ne **montez** pas les escaliers ? – **f.** Elles **parlent** trop vite !

4 **a.** Nous **achetons** des pizzas tous les samedis. – **b.** Qui **appellent**-ils ? – **c.** Il **jette** ses vieilles chaussures. – **d.** Vous **espérez** encore voir Brad Pitt ! – **e.** Nous **envoyons** la lettre.

5 **a.** Nous **commençons** la réunion à 10 heures. – **b.** Je **préfère** le pain complet. – **c.** Nous **mangeons** au restaurant ce midi. – **d.** Tu te **rappelles** le dernier livre que tu as lu ? – **e.** Elle lui **envoie** une lettre chaque semaine.

6 **a.** Tu **choisis** d'étudier l'anglais ? – **b.** Nous **réussissons** toujours les examens d'histoire. – **c.** Elle **maigrit** à vue d'œil ! – **d.** Jacques **punit** souvent son fils. – **e.** Vous ne **réfléchissez** pas assez !

7 **a.** Je **choisis** toujours la mauvaise caisse au supermarché! – **b.** Nous **finissons** souvent avant le reste de la classe. – **c.** Vous **bâtissez** une nouvelle maison ? – **d.** Ils **réussissent** toujours à éviter de faire la vaisselle ! – **e.** Tu **remplis** trop mon verre !

8 **a.** Tu **descends** au prochain arrêt ? – **b.** Vous **perdez** toujours de l'argent au casino ! – **c.** Sophie et Marc **vendent** de très jolies fleurs dans leur magasin. – **d.** Nous **défendons** souvent notre sœur. – **e.** Ils n'**entendent** pas la cloche de l'église !

9 **a.** Où **mets**-tu les sacs de voyage ? – **b. Savez**-vous à quelle heure part le train ? – **c.** Nous **voulons** voyager en avion cette fois-ci. – **d. Peux**-tu porter cette valise, s'il te plaît ? – **e.** Nous **devons** aller au terminal 1 ou au terminal 2 ? – **f.** Je ne **vois** pas notre porte de départ !

10 **a.** Je **me** douche tous les matins. – **b.** Elle **se** brosse les dents deux fois par jour. – **c.** Nous **nous** lavons les mains constamment ! – **d.** Vous **vous** rongez encore les ongles ! – **e.** Ils **s'**habillent à 7h15 tous les jours.

11 **a. Écoute** le professeur ! – **b.** Ne **regardez** pas par la fenêtre, mais **lisez** votre livre ! – **c. Arrête** de parler avec ton voisin ! – **d. Rendons** nos copies. Le test est terminé. – **e. Prenez** vos livres et **ouvrez**-les à la page 47.

12 **a.** Apprends-le. – **b.** Rangez-les – **c.** Prends-la – **d.** Éteignons-les – **e.** Accrochez-le.

10. Infinitivo y pretérito perfecto

1 **a.** manger – **b.** boire – **c.** aller – **d.** dormir – **e.** vouloir.

2	1.er grupo	2.º grupo	3.er grupo
Chanter	✓		
Punir		✓	
Rendre			✓
Écouter	✓		
Pleuvoir			✓
Grandir		✓	
Devenir			✓
Danser	✓		
Apprendre			✓

3 **a. détester > détesté** – **b. dîner > dîné** – **c. aimer > aimé** – **d. écouter > écouté** – **e. perdre > perdu** – **f. prendre > pris**

4 **a.** Hier, nous avons **appris** une nouvelle leçon ! – **b.** Il m'a **offert** un magnifique bouquet de roses ! – **c.** Elle a **voulu** rentrer tôt à la maison. – **d.** Nous avons **pu** rencontrer le chanteur du groupe. – **e.** Vous avez **fait** vos devoirs ?

5 **a.** Elles ont **lu** tous les livres. – **b.** Elles les ont tous **lus**. – **c.** Nous avons **copié** toutes les pages. – **d.** Nous les avons toutes **copiées**. – **e.** Elle n'a pas **pleuré** longtemps.

6 **a.** Elle est **allée** en ville avec Sonia. – **b.** Clarèle et moi sommes **rentrés** (moi=masc) / **rentrées** (moi=fem). – **c.** Éléanore et Audrey sont **parties** après le film. – **d.** Alain n'est pas **arrivé**. – **e.** Jean-Luc et Jérôme sont **venus** à 18 heures.

7 **a.** Ils se sont encore **disputés** ! – **b.** Elles se sont **échangé** leurs adresses. – **c.** Elle s'est **coupé** le doigt. – **d.** Elles se sont **endormies** devant la télé. – **e.** Ils se sont **regardés** pendant de longues minutes.

8 **1.c.** J'ai gagné la course ! – **2.a.** Nous avons vu ta sœur ce matin. – **3.e.** Tu es rentrée à quelle heure ? – **4.f.** Elles sont allées au marché ce matin. – **5.d.** Vous êtes restés au parc toute la journée ? – **6.b.** Ils ont rangé leur chambre.

9 **a.** Nous avons **regardé** la télévision toute la nuit ! – **b.** Elles sont **entrées** par la porte de secours. – **c.** J'ai **mis** la voiture dans le garage. – **d.** Tu as **vu** l'éclipse hier soir ? – **e.** Samuel et Laurence ont **écouté** la radio pendant deux heures ! – **f.** Nous avons **pris** un taxi pour rentrer.

10 **2.e.** Elles ont téléphoné à l'hôtel pour réserver une chambre. – **3.d.** Elles ont déposé leurs bagages dans la chambre. – **4.f.** Elles ont demandé au concierge l'adresse d'un bon restaurant. – **5.a.** Elles sont restées deux heures au restaurant. – **6.c.** Elles sont rentrées à l'hôtel se coucher.

11. Futuro

1 **a.** Je **mettrai** mon maillot de bain. – **b.** Nous **descendrons** au restaurant. – **c.** Le serveur nous **servira** notre cappuccino.– **d.** Tu **mangeras** une salade de fruits frais. – **e.** Nous nous **baignerons** dans l'océan turquoise.

2 **a.** Nous **danserons** toute la nuit ! – **b.** Vous **choisirez** comme vin, messieurs dames ?– **c. Prendras**-tu de l'eau ? – **d.** Elles **chanteront** longtemps à la soirée karaoké. – **e.** Il **rentrera** tard, c'est sûr !

3 **1.c.** L'**enverras**-tu à Stéphanie ? – **2.b.** Que **ferons**-nous demain ! – **3.a. Viendrez**-vous à nouveau l'année prochaine ? – **4.b. Saurez**-vous retrouver la route ?– **5.c.** Où **irons**-nous après le restaurant ?

4 **a.** [...], je **serai** à la plage ! – **b.** Sandrine, **auras**-tu ton téléphone [...] ? – **c.** Vous **verrez** ! [...] – **d. Pourrons**-nous faire garder notre petite-fille ? – **e.** Nos filles **iront** en excursion la semaine prochaine !

5 « Marie est très heureuse. Demain, Charles **arrivera** par le train, un bouquet à la main, prêt à l'épouser. Ils **se regarderont** et à cet instant précis, **se reconnaîtront**, pour la vie. [...] Ils **voyageront** autour du monde, **visiteront** tous ces pays dont ils ont parlé sans se lasser. Ils **pourront** parler sans interruption. Qui sait ? Ils se **marieront** ; **auront** des enfants, peut-être. Et **vivront** dans la paix,[...]. Ils **seront** ensemble, unis, contre tous. »

6 **a.** Je vais – **b.** Tu vas – **c.** Il/Elle va – **d.** Nous allons – **e.** Vous allez – **f.** Ils/Elles vont.

7 **a.** Nous **allons** voir le nouveau film ! – **b. Allez**-vous assister au spectacle ? – **c.** Je ne **vais** pas manger chez Chloé demain midi. – **d.** Il **va** encore manger du chocolat en cachette ! – **e.** Quand **vas**-tu aller poster les cartes de Noël ?

8 **a.** Dépêchez-vous ! Le spectacle **va commencer** ! – **b.** Ta voiture est en panne ? Pas de problème ! Je **vais te conduire** au garage. – **c.** Le ciel se couvre : je pense qu'il **va pleuvoir.** – **d.** Les Lagrange **vont visiter** le Vietnam au mois d'août. – **e. Allez-vous partir** en vacances cette année ?

9 **a.** Je **ne** vais **pas** suivre des cours à l'université l'année prochaine. – **b.** Julie **ne** va **pas** passer son permis de conduire la semaine prochaine. – **c.** Elles **ne** vont **pas** se promener en ville cet après-midi. – **d.** Vous **n'allez pas** rentrer à dix heures ce soir ? – **e.** Tu **ne** vas **pas** rester à la maison demain ?

10 **a.** Je **partirai** quand Alexandre **arrivera**. – **b.** Dorian **va aller** chez son frère demain après-midi. – **c.** Élise **sera** déçue lorsqu'elle **apprendra** que Corentin ne vient pas. – **d.** Nous **viendrons** tous en vacances avec vous l'année prochaine ! – **e.** Que **feras**-tu demain à cette heure-ci ?

12. Pretérito imperfecto y condicional

1 **a.** Nous partons → Je partais – **b.** Nous aimons → Ils aimaient – **c.** Nous croyons → Tu croyais – **d.** Nous prenons → Vous preniez – **e.** Nous faisons → Elle faisait.

2 **a.** Il **faisait** nuit lorsque l'avion a atterri.– **b.** Nous **allions** à la plage tous les matins ! – **c. Vouliez**-vous nous voir avant de partir ? – **d.** Je **me sentais** très fatigué. – **e.** Vous **habitiez** tous ensemble ? Vous **deviez** être à l'étroit ! [cuisinait] n'est pas utilisé.

3 **a.** Je **savais** que vous **étiez** en France ! – **b.** Il **pensait** que tu **avais** deux chats ! – **c.** Nous **avions** les cheveux blonds quand nous **étions** petits. – **d. Mangeais**-tu des pâtes à 3 heures ce matin ? – **e.** Avant, Caroline **appelait** sa sœur tous les soirs.

4

	Passé composé	Imparfait
a. Je suis allée au théâtre.	✓	
b. Il préparait un gâteau au chocolat.		✓
c. Nous mangions au restaurant.		✓
d. Stéphane a vu un renard dans le pré.	✓	
e. Marie-Luce dormait à poings fermés.		✓
f. Gwendolyne s'est promenée au parc.	✓	
g. Vous avez regardé le film hier soir ?	✓	
h. Je lisais mon livre tranquillement.		✓

5 **a.** Je **faisais** la sieste lorsque la voisine **a sonné** à la porte. – **b.** Lorsqu'il **est rentré**, Audrey **regardait** la télévision. – **c.** Il **se rendait** à la banque quand il l'**a rencontrée**. – **d.** Elles **étaient** en vacances et elles **ont acheté** de très jolis vêtements. – **e.** Le chat **s'apprêtait** à bondir lorsque l'oiseau **s'est envolé**.

6 **1.e.** Je visitais l'Italie lorsque j'ai rencontré Lorenzo. – **2.c.** Je garais la voiture quand la Peugeot m'est rentrée dedans ! – **3.f.** Elle plantait de la menthe quand elle s'est fait piquer par une araignée. – **4.b.** Passais-tu ton examen lorsque tu t'es évanouie ? – **5.a.** Il redescendait la montagne quand il est tombé. – **6.d.** Vous faisiez du ski lorsque vous vous êtes rencontrés ?

7 **a.** Je **partirais** en vacances demain ! – **b.** Julian **finirait** sa toile s'il avait le temps ! – **c.** Avec des « si » on **mettrait** Paris en bouteille ! – **d.** Martine **préférerait** prendre le train. – **e.** Hélène et Simon **vendraient** leur maison !

8 **a.** Si tu **parlais** moins, tu **finirais** plus vite ! – **b.** Vous vous **amuseriez** vraiment si vous **veniez** en vacances ! – **c.** Si Luc le lui **demandait**, Aline **aimerait** beaucoup l'épouser ! – **d.** Nathan **serait** heureux si Julie lui **écrivait** une lettre.

9 **a.** Je **verrais** mieux si tu allumais la lumière ! – **b.** Lucas **devrait** arrêter de courir. – **c.** Il **faudrait** un miracle ! – **d.** Il **gagnerait** la course. – **e.** Louise **donnerait** tout ce qu'elle a pour une glace – **f.** Nous **serions** déjà arrivés s'il n'y avait pas tant de circulation.

10 **a.** Je **préparais** le dîner lorsque Samuel **est arrivé**. – **b.** Si tu **faisais** un effort, tu y **arriverais** ! – **c.** Vous **verriez** la chenille si vous **regardiez** de plus près. – **d.** Nous ne **pourrions** pas comprendre, même si nous **essayions**. – **e.** J'**écoutais** la radio lorsque la nouvelle **est tombée**.

13. Preposiciones

1 **a.** Anne et Marie se sont cachées **sous** la table ! – **b.** Vas-tu **chez** tes parents **à** Pâques ? – **c.** Edwige part **à** Tours **avec** ses enfants cet après-midi. – **d.** Guy est allé **dans** la forêt cueillir des champignons. – **e.** Elles sont parties **pendant** une heure.

2 **a.** Nous allons **au** Brésil le mois prochain ! – **b.** Julien voudrait se rendre **en** Inde pour les vacances. – **c.** Nadia vit **aux** Émirats Arabes Unis. – **d.** Pablo est-il né **en** Espagne ou **au** Portugal ? – **e.** J'adorerais passer Noël **aux** Fidji ! – **f.** Kate retourne bientôt **en** Angleterre. – **g.** Tu vas **à** Lille après-demain ?

3 **a.** Aden vit **à** Marrakech **au** Maroc. – **b.** Acha vit **à** Yaoundé **au** Cameroun. – **c.** Éléanore vit **à** Besançon **en** France. – **d.** Aiko vit **à** Tokyo **au** Japon. – **e.** Eeva vit **à** Helsinki **en** Finlande.

4 **a.** La balle est tombée **en bas des** escaliers. – **b.** Le poulet est **dans** le frigo. – **c.** Le chat de la voisine est coincé **en haut de** l'arbre ! – **d.** Ton cochon d'Inde se cache encore **sous** le canapé [...] ! – **e.** Pourquoi as-tu garé la voiture **devant** le garage [...] ?

5 **a.** Le restaurant est-il **loin** de la maison ? [...] – **b.** La boulangerie se trouve **entre** la boucherie et le café. – **c.** Les toilettes sont tout de suite **en haut** des escaliers [...]. – **d.** Je crois que le gâteau est **sur** la table de la cuisine. – **e.** [...] Il y a une énorme araignée **derrière** toi !

6 **a.** As-tu mis ma chemise **dans** le sac de voyage ? – Oui, elle est **dedans** ! – **b.** Regarde ! Hélène est assise **à côté de** Sébastien ! – **c.** Où est garée la moto ? – Elle est garée **là, à gauche.** – **d.** Les clés sont **en dessous** de la valise. – **e.** Oh non ! La maison est encore **loin !**

7 **a.** Je suis arrivé en retard **à l'**école ce matin. – **b.** Vas-tu **à la** fête du village samedi prochain ? – **c.** Ils sont allés **chez** Caroline hier soir. – **d.** Stéphanie a rendez-vous **chez** le médecin vendredi matin à 9h30. – **e.** Elles sont arrivées **aux** urgences vers minuit. – **f.** Il vient d'arriver **au** bureau.

8 **1. Je vais :** à l'école. – à la pêche avec mon frère ! – au mariage de Maé et Joris. – aux vendanges !
2. Je sors de la boîte de nuit ! – du cours de guitare. – de l'opéra. – du cinéma.

9 **a.** Nous allons aller à la plage **pendant** les vacances ! – **b.** Le train arrive **dans** une heure ! – **c.** Il habite à Paris **depuis** 2002. – **d.** La famille Charlet déménage **en** septembre. – **e.** Ils parlent **pendant** des heures quand Jonathan téléphone ! – **f.** Il fait beau **depuis** le milieu de l'été.

10

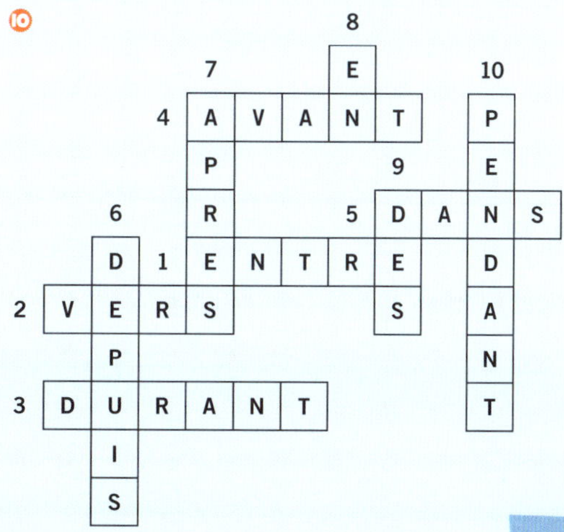

⓫ **1.f. Au sujet de, à propos de** = a propósito de – **2.d. Avec** = con –**3.c. Contre** = contra – **4.a. Malgré** = a pesar de – **5.h. Par** = por – **6.b. Quant à** = en cuanto a – **7.i. Sans** = sin – **8.e. Sauf** = excepto – **9.g. Selon** = según.

⓬ **a.** Fais attention **aux** trous ! – **b.** Julian joue **de la** guitare. – **c.** Tu commences **à** comprendre cet exercice ! – **d.** J'ai oublié **de** fermer la porte d'entrée ! – **e.** Je me souviens **du** jour où la foudre est tombée sur ta maison !

14. Adverbios

❶ **a.** prudemment – **b.** joliment – **c.** malheureusement – **d.** constamment – **e.** gentiment – **f.** joyeusement – **g.** profondément

❷ **a.** Luc est tellement fatigué. – **b.** Je ne vais pas souvent au théâtre. – **c.** Il a beaucoup grandi cette année. – **d.** Vous êtes très gentils. – **e.** Il est entré silencieusement dans la maison.

❸ **a.** C'est le **meilleur** film de l'année ! – **b.** Louis m'a posé la question **gentiment**. – **c.** Est-ce un **bon** dessert ? – **d.** Vous allez **bien** ? – **e.** Karine va beaucoup **mieux** aujourd'hui.

❹ **a.** Je pars **souvent** en voyage. – **b.** Je travaille **toujours** avec des enfants. – **c.** Je travaille **parfois** avec un ordinateur. – **d.** Je rencontre **souvent** des gens. – **e.** Je bavarde **généralement** avec mes clients.

❺ **a.** Il n'y va **jamais**. – **b.** Elle n'y va que très **rarement**. – **c.** Nous regardons **toujours** les programmes du soir ensemble ! – **d.** Pas très **souvent,** mais quelquefois il y a un spectacle intéressant. – **e.** Elle en sort **généralement** à 16h30.

❻ **a.** Nous devons nous lever **tôt**. – **b.** Des nuages sont apparus, **puis** le vent s'est levé. – **c.** Viens ici **tout de suite** ! – **d.** Ne pleure pas Edwige, ta maman va rentrer **bientôt**. – **e.** J'ai rencontré Carla **il y a** cinq ans et nous ne nous sommes pas quittés depuis ! – **f.** Je viens **souvent** ici. – **g.** J'en cuisine **rarement**.

❼ **a.** Non, je l'ai cherché **partout** mais ne l'ai trouvé **nulle part**. – **b.** Allez donc jouer **dehors** avec le ballon ! – **c.** Finalement, j'ai cherché Domino dehors et il était **à l'intérieur** !– **d.** Elle est **là-bas**, à côté des arbres ! Elle était vraiment **loin** ! – **e.** Mais, je ne suis pas à l'étage, je suis **en bas** !

❽ **a.** Il y a **trop** de sucre. – **b.** Il y a **assez** de lait dans mon café. – **c.** Il y avait très **peu de** gens présents. – **d.** Oui, j'aimerais **plus de** sucre dans mon café, s'il vous plaît. – **e.** Il y a **beaucoup de** gâteaux et ils sont tous appétissants !

❾ **a. Où** est Thomas ? – **b. Comment** es-tu allé à Dijon ? – **c. Qui** est avec Florence ? – **d. Quand** venez-vous nous voir ? – **e. Pourquoi** es-tu en colère ?

❿ **a.** Ma grand-mère conduit si **lentement** !– **b.** Il va **toujours / souvent** au travail en vélo. – **c.** Tu as **probablement** raison. – **d.** Je n'en mange **jamais**. – **e. Malheureusement**, Jennifer et Océane ne pourront pas venir à ton anniversaire. – **f.** Julien est **vraiment** très généreux. – **g.** J'ai **bien** compris.

15. Verbos

❶ **a. Devez**-vous aller à l'école demain ? – **b.** Nous ne **pouvons** pas manger ou boire ici. – **c. Puis**-je utiliser les toilettes, s'il vous plaît ? – **d.** Elles **doivent** rentrer à 10 heures. – **e.** Tu **veux** venir avec nous au cinéma ? – **f.** Il **veut** visiter l'Écosse.

❷ **a.** Maman, Camille **peut** venir à la maison cet après-midi ? – **b.** Vous **devez** ôter vos chaussures avant d'entrer. – **c.** Je **dois** étudier pour cet examen ! – **d.** Nous **devons** faire les courses pour le week-end. – **e.** Chut ! Elles **peuvent** nous entendre !

❸ **1.d.** Sortez les skis ! Il neige ! – **2.a.** Je dois trouver mon parapluie ! Il pleut ! – **3.e.** Il faut mettre les manteaux ! Il fait froid ! – **4.b.** Nous pouvons sortir en T-shirt ! Il fait beau ! – **5.c.** Peux-tu me donner un verre d'eau ? Il fait chaud !

❹ **a.** Il semble que tu avais raison. – **b.** Il fait très beau aujourd'hui ! – **c.** C'est l'été ! Il fait très chaud ! – **d.** Il vaut mieux avoir un portable. – **e.** Il n'y a pas beaucoup de monde / de gens ici.

❺ **a.** rester – **b.** manger – **c.** salir – **d.** bâtir – **e.** créer.

❻ **a.** Peux-tu/Est-ce que tu peux répéter, s'il te plaît ? Je n'ai pas compris. – **b.** Mes frères se sont disputés tout l'après-midi. – **c.** Enlève tes chaussures avant d'entrer. – **d.** Je suis fatiguée. Je ne peux pas monter les escaliers. – **e.** Les élèves doivent répondre aux questions de leur professeur.

❼

Frase	T	I
a. Nous mangeons une pizza tous les vendredis.	✓	
b. Sabine écoute une chanson.	✓	
c. Corinne parle à ses amis.		✓
d. Tu réponds à tante Colette ?		✓
e. Je bois du café tous les matins.	✓	

❽

Frase	D	I
a. J'ai donné mon livre.	✓	
b. Elle téléphone à Alice.		✓
c. Nous écrivons à nos parents.		✓
d. Tu chantes cette chanson.	✓	
e. Nous pensons à nos vacances.		✓

❾ **a.** lançant – **b.** aimant – **c.** achetant – **d.** voyant – **e.** maigrissant – **f.** venant – **g.** s'habillant.

16. Conectores

❶ **a.** Je suis passé chez toi, mais tu n'étais pas là. – **b.** Soit tu viens avec nous, soit tu ne viens pas [...] – **c.** Marion pense cuisiner un bœuf bourguignon ou un navarin. – **d.** La voiture est au garage donc je ne pourrai pas venir te voir ce matin. Désolé ! – **e.** Je ne me sens pas très bien, cependant j'essaierai d'aller en cours.

❷ **a.** Julien se pose des questions **à savoir** si la maison sera vendue. – **b.** Laetitia n'aime pas skier, **c'est pourquoi** elle reste au chalet. – **c.** Florian ne s'énerve jamais, **au contraire** il reste toujours serein. – **d.** Marine n'aime pas le chocolat, **pourtant** elle a fait [...]. – **e.** Maxime lui fait confiance, **cependant** il a un doute. – **f.** Je suis au lit **car** je suis malade.

3 **a.** Claudette a pris un parapluie au cas où il pleuve. – **b.** Bien que Pierre ait peur de l'eau, ils sont allés en vacances au bord de la mer. – **c.** Comme les enfants n'aiment pas la télévision, j'ai apporté des jeux de société. – **d.** Je partirai lorsque le film sera fini. – **e.** Depuis que j'ai 18 ans, je me sens beaucoup plus libre !

4 **a.** Aussitôt que = Dès que – **b.** Comme = Puisque – **c.** Lorsque = Quand – **d.** Bien que = Quoique.

5 **a.** Depuis que je **suis** à la retraite, [...] ! – **b.** Si tu **vas** en ville demain, préviens-moi ! – **c.** Bien que les chiens me **fassent** peur, [...] !– **d.** Quand tu **arriveras,** [...]. – **e.** Quoi que nous **disions,** [...].

6 **Premièrement / D'abord / Tout d'abord** = primero, primeramente – **En premier lieu** = en primer lugar – **Deuxièmement** = en segundo lugar – **Ensuite / Puis** = después

7 **D'un côté... de l'autre** = Por un lado... por otro... – **D'une part... d'autre part...** = Por una parte... por otra... – **Ou... Ou...** = O... o... – **Par ailleurs**= Por otra parte – **En outre** = Además

D'un autre côté = Por otro lado – **Par contre** = Por el contrario – **En revanche** = En cambio – **Au contraire** = Al contrario

8 **Ainsi** = de esta manera – **Par exemple** = por ejemplo – **Notamment** = especialmente – **En particulier** = en particular

9 **Finalement / Enfin** = finalmente / por último – **En conclusion / pour conclure** = en conclusión / para concluir – **En résumé** = en resumen / resumiendo – **En bref** = en pocas palabras – **Pour finir** = = para terminar

10 **a. D'un côté**, tu pourrais penser [...], mais **de l'autre** [...]. – **b.** Je n'aime pas certains gâteaux : **par exemple,** le mille-feuille [...]. – **c. Premièrement**, j'aimerais présenter [...]. – **d.** D'abord on travaille ; **ensuite** on s'amuse ! – **e.** Elle a pris son parapluie ; elle sera **ainsi** protégée de la pluie.

17. Voz pasiva

1	Activa	Pasiva
a. La vaisselle est faite par Joël.		✓
b. Catherine range le garage.	✓	
c. Le chat est brossé par Manon.		✓
d. Cette lettre est écrite par mon arrière-grand-mère !		✓
e. Mon père a peint cette toile.	✓	

2 **a.** Notre maison **est** construite [...]. – **b.** Les haricots **sont** plantés par Julien. – **c.** Nous **sommes** accueillis [...]. – **d.** Vous **êtes** poursuivis [...] ! – **e.** Tu **es** invitée par Ella !

3 **a.** Ces tartes **sont préparées** [...] – **b.** L'arbre de Noël **est décoré** par les enfants. – **c.** Le président français **est accueilli** par le Premier ministre anglais. – **d.** Les voleurs **sont arrêtés** par la police. – **e.** Les commandes **sont prises** par la serveuse.

4 **a.** Cette sculpture **a été réalisée** [...]. – **b.** Ce livre **a été écrit** [...]. – **c.** La voiture **a été vendue** [...]. – **d.** Ces crevettes **ont été préparées** [...]. – **e.** Le ciel **a été illuminé** [...].

5 **a. On a réparé** le bateau. – **b. On a changé** le numéro. – **c. On a ouvert** le magasin. – **d. On a cassé** le vase. – **e. On a bâti** la maison.

6 **a.** Comment cela **se dit**-il en espagnol ? – **b.** Le vin blanc **se sert** très frais. – **c.** Cela ne **se fait** pas. Ce n'est pas poli. – **d.** Ce plat **se mange** chaud et accompagné de haricots blancs. – **e.** Les toilettes **se trouvent** au fond du couloir.

7 **a.** Une pomme **a été mangée par** Caroline – **b.** La Joconde **a été peinte par** Léonard de Vinci. – **c.** Le ver de terre **a été mangé par** l'oiseau. – **d.** Les jonquilles **ont été plantées** par Daniel. – **e.** L'appartement **a été décoré par** Mathilde.

8	Activa	Pasiva
Les cambrioleurs ont été surpris par les policiers.		✓
Notre président était respecté de tous.		✓
On interdit l'utilisation des téléphones portables dans la salle d'attente.	✓	
Ce fruit ne se mange pas.	✓	
Karine est très appréciée de ses collègues.		✓

9 Verbo	Sí	No
Demander quelque chose à quelqu'un		✓
Construire quelque chose pour quelqu'un	✓	
Aller quelque part		✓
Admirer par quelqu'un	✓	
Promettre quelque chose à quelqu'un		✓
Monter les escaliers		✓
Manger quelque chose	✓	
Tomber par terre		✓

18. Presente de subjuntivo

1 **a.** Il faut que je **réussisse** [...]. – **b.** [...] avant que Jean **vienne** me chercher. – **c.** Pourvu que nous **vendions** [...]. – **d.** [...] que tu **agrandisses** [...] ! – **e.** [...] que tu **prennes** [...].

2 **a.** [...] que je **mange** [...]. – **b.** [...] que tu **écoutes** la radio. – **c.** [...] qu'elle **maigrisse** très vite. – **d.** [...] que nous **mettions** la table. – **e.** [...] que vous **perdiez** [...]. – **f.** [...] qu'ils **choisissent** toujours les bonnes cartes.

3 **a.** [...] que tu **sois** [...]. – **b.** [...] que nous **soyons** [...]. – **c.** que vous **soyez** à l'heure. – **d.** [...] que je **sois** [...]. – **e.** [...] qu'elle **soit** [...]. – **f.** Bien qu'ils **soient** [...].

4 **a.** Bien que je n'**aie** [...]. – **b.** Il faut que tu **aies** [...]. – **c.** [...] qu'elle **ait** [...]. – **d.** [...] qu'ils **aient** [...]. – **e.** [...] que vous **ayez** [...]. – **f.** [...] que nous **ayons** [...].

5 **a.** [...] que vous **veniez** [...]. – **b.** [...] que tu **saches** [...]. – **c.** [...] que tu **fasses** [...]. – **d.** [...] que vous **deviez** [...]. – **e.** [...] que ton père **prenne** [...]. – **f.** [...] que tu **ailles** [...].

6 **a.** [...] que vous **buviez** [...] ! – **b.** [...] qu'ils **aillent** [...].– **c.** [...] que tu **reçoives** [...]. – **d.** [...] que tu **tiennes** [...]. – **e.** [...] que vous **fassiez** [...].

7 **a.** Je viendrai samedi, **à moins que** [...]. – **b.** J'ai apporté cette couverture **pour que** [...]. – **c. Bien que** je n'aime pas [...]. – **d. Pourvu qu'**il ne vienne pas [...]. – **e.** Je continuerai les leçons **jusqu'à ce que** [...].

8 **a.** [...] que nous **gagnions** [...]. – **b.** [...] que tu **viennes** [...]. – **c.** [...] que vous **finissiez** [...]. – **d.** [...] que tu **veuilles** [...]. – **e.** [...] que vous **ayez** [...].

9 **a. Il est impossible que** j'aie perdu [...]. – **b. Il est probable qu'**il y ait [...]. – **c. Il est possible que** nous soyons sélectionnés [...]. – **d. Il est possible que** ma jambe soit cassée. – **e. Il est douteux que** j'aie la rubéole.

10 **a.** Il serait étonnant que je **reçoive** [...]. – **b.** C'est dommage que tu ne **boives** pas de cidre. – **c.** Il vaut mieux que nous **allions** au cinéma [...]. – **d.** Il est bizarre que tu **aies** un chien [...]. – **e.** Il faut que nous **rendions** nos livres [...].

11 **a.** C'est le meilleur film que j'**aie** jamais vu ! – **b. Où que** tu ailles [...]. – **c. Quoi que** tu fasses [...]. – **d.** Je ne crois pas qu'il **soit** [...]. – **e.** Je ne pense pas qu'il **mange** de viande.

19. Pretérito perfecto simple

1 Il était une fois un meunier qui, lorsqu'il **mourut**, **légua** tous ses biens à ses trois fils. L'aîné **hérita** d'un moulin, le cadet d'un âne, et le plus jeune, Paul, d'un chat. « Lorsque je l'aurai mangé, **soupira**-t-il, il ne me restera plus qu'à mourir de faim ! » Mais le chat l'**entendit** et **prépara** un plan : [...] Paul était sceptique, mais **fit** ce que le chat lui demandait : « Aussi, si quelqu'un vous le demande, vous vous appelez désormais monsieur le Marquis de Carabas », **ajouta** le chat. Le chat **mit** de la nourriture dans son sac et **s'allongea** sur le sol, comme mort.

2 **a.** La réunion **débuta** à 10 heures. – **b.** Clément et Zoé **arrivèrent** à l'aéroport à l'heure. – **c.** Nous **attendîmes** pendant des heures. La tension **monta**. – **d.** Vous **partîtes**. La maison **sembla** vide. – **e.** Je **pris** beaucoup de photos.

3 **a.** Elles **eurent** soudain très soif. – **b.** Nous **eûmes** l'idée d'aller au cinéma tous ensemble. – **c.** Lorsqu'elle ouvrit la fenêtre, j'**eus** très froid. – **d.** Il **eut** une peur bleue lorsque la foudre tomba sur la maison voisine ! – **e.** Ils **eurent** beaucoup de difficultés à organiser ce voyage.

4 **a.** Ils **furent** les premiers soldats américains à Paris – **b.** Nous **fûmes** très surpris. – **c.** Louis de Funès **fut** très célèbre dans les années 1970 – **d.** Tu **fus** un des élèves les plus populaires du lycée. – **e.** Vous **fûtes** très heureux de réussir votre examen.

5 Le Petit Poucet **dut** se lever de bon matin et **prit** le chemin du ruisseau. Il emplit ses poches de petits cailloux blancs et **revint** ensuite à la maison. Il **alla** dans une forêt dense. Le bûcheron **se mit** à couper du bois et les enfants **ramassèrent** des brindilles. Lorsque les parents **virent** que les enfants étaient occupés, ils **s'enfuirent** rapidement. Le Petit Poucet **courut** partout pour retrouver ses parents mais **dut** renoncer, tristement.

6 **a.** Elle **mit** sa robe rapidement pour ne pas être en retard. – **b.** Ils **reconnurent** le bandit et lui **coururent** après. – **c.** Je **sus** immédiatement que quelque chose lui était arrivé. – **d.** Nous **allâmes** au restaurant après la cérémonie. – **e.** Tu **fus obligée de** prendre le train plus tard que prévu suite aux intempéries.

7 **a.** Ils **avancèrent** dans la neige avec difficulté. – **b.** Nous **voyageâmes** pendant deux mois ! – **c.** Il **neigea** toute la journée. – **d.** Vous **commençâtes** la réunion sans Romain. – **e.** Martin **remplaça** David qui était malade. – **f.** Vous **nageâtes** pendant deux heures !

8

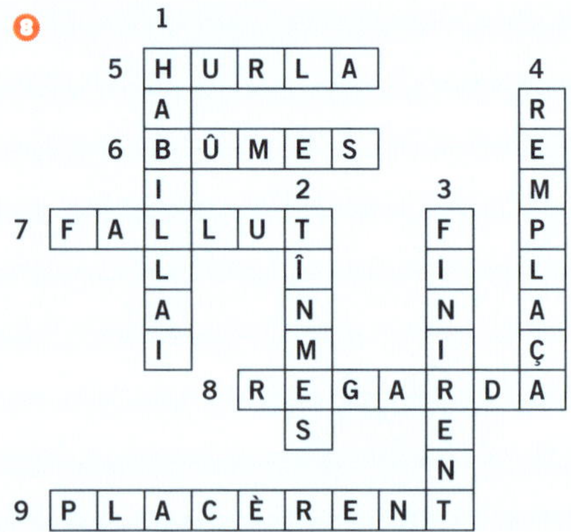

9 Il était une fois une petite poule rousse qui **sortit** de chez elle pour aller en ville. Elle **mit** la clé dans sa poche mais sa poche avait un trou et la clé **tomba** par terre. La petite poule ne le **vit** pas et **poursuivit** son chemin.
Maître Renard **apparut**. Il n'avait qu'une envie : manger la poulette ! Lorsqu'il **aperçut** la clé sur le sol, il la **ramassa** et **courut** ouvrir la porte de la maisonnette.

20. Juegos de repaso

1 **a.** J'ai **le** cafard – **b.** Tu me casses **les** oreilles ! – **c.** Il m'a posé **un** lapin ! – **d.** C'est **la** fin **des** haricots ! – **e.** Arrête de faire **l'**andouille !

2 **a.** un **professeur** = un profesor – **b. un chanteur =** un cantante – **c.** une **vendeuse =** una vendedora – **d.** un **médecin** = un médico – **e.** un **ingénieur** = un ingeniero – **f.** un **serveur** = un camarero – **g.** un **concierge** = un conserje – **h.** un **boulanger** = un panadero

3 **a. est** = être (el resto: avoir) – **b. étant** = participio presente (el resto: participios pasados) – **c. te** = pronombre personal sujeto (el resto: pronombres personales de objeto directo o indirecto) – **d. Mexique** = país (el resto = nacionalidades) – **e. chat** = animal (el resto = colores)

4

													6		
	1						4/8	V	R	A	I	E	S		
	G						J						É		
	E				3/9	B	O	N	N	E			R		
	N				B		L			5			I		
	T		10	P	A	T	I	E	N	T			E		
	I		2		V					R			U		7
	L	11	G	R	A	N	D	12	V	I	E	U	X		H
13	S	Û	R		R					S					A
			O		D					T					U
			S					14	M	E	C	H	A	N	T
															E

5 **a.** Quentin est allé au cinéma avec ses amis. – **b.** Je pense faire un grand voyage l'année prochaine. – **c.** Ils organiseront une fête d'anniversaire pour Marion. – **d.** Je faisais la sieste lorsque tu as frappé à la porte. – **e.** Eva commencera le travail dès son retour.

6	Presente	Pret. perfecto
Regarder	Je regarde	**J'ai regardé**
Faire	**Tu fais**	**Tu as fait**
Vendre	Il vend	**Il a vendu**
Finir	**Nous finissons**	Nous avons fini
Boire	**Vous buvez**	**Vous avez bu**
Aller	Elles vont	**Elles sont allées**

Futuro	Condicional	Imperfecto
Je regarderai	**Je regarderais**	**Je regardais**
Tu feras	**Tu ferais**	Tu faisais
Il vendra	Il vendrait	**Il vendrait**
Nous finirons	**Nous finirions**	**Nous finissions**
Vous boirez	Vous boiriez	Vous buviez
Elles iront	Elles iraient	**Elles allaient**

7 01:30 = Il est une heure trente.

04:30 = Il est quatre heures et demie.

10:45 = Il est onze heures moins le quart.

02:15 = Il est deux heures et quart.

12:00 = Il est midi.

07:50 = Il est huit heures moins dix.

03:25 = Il est trois heures vingt-cinq.

8									
			A	C	O	M	M	E	P
			I					L	O
			N					O	U
Q			S		C			R	R
	U		I			A		S	T
	Q	O		D			R	Q	A
	U		I		O			U	N
	A			Q		N		E	T
M	N				U		C		
A	D					E			
I	T	O	U	T	E	F	O	I	S
S				A	U	S	S	I	
N	E	A	N	M	O	I	N	S	

9 **a.** J'ai rêvé que je gagnais au loto ! – **b.** Il a été au cinéma hier. – **c.** Vous avez aimé ma tarte aux pommes ? – **d.** Tu as compris l'exercice de grammaire ? – **e.** Nous sommes partis à 8 heures.

10 **a.** 46 = quarante-six – **b.** 99 = quatre-vingt-dix-neuf – **c.** 318 = trois cent dix-huit – **d.** 72 = soixante-douze – **e.** 502 = cinq cent deux – **f.** 152 = cent cinquante-deux – **g.** 1008 = mille huit – **h.** 683 = six cent quatre-vingt-trois

Crédits iconographiques

Shutterstock : Aleutie : pp. 77b ; 84h ; Akai37 : p. 4 ; Ankomando : pp. 7d ; 101g ; Ann Doronina : p. 98h ; Anthony Krikorian : p. 79h ; A-R-T : p. 73 ; BoBaa22 : p. 63b ; COCOart : p. 107d ; dedMazay : p. 113d ; D.J.McGee : p. 94d ; Gamegfx : p. 22h ; HappyJack : p. 43b ; Inni : p. 62h ; iNueng : p. 89mg ; Jesadaphorn : p. 78 ; lamnee : p. 96b ; Kyuree : p. 72b ; Mackey Creations : p. 16bd ; Maglara : p. 49 ; Marish : pp. 63h ; 70b ; NatBasil : p. 53b ; Nikita Chisnikov : p. 47 ; Paper Teo : p. 52b ; Ramona Kaulitzki : p. 111h ; Sentavio : p. 88bg ; Serbinka : p. 90hg ; sir.Enity . p. 73h ; Smart Design : p. 53h ; Stella Levi : p. 95h ; Stockshoppe : pp. 87bg ; 87bd ; subarashii21 : p. 3 ; venimo : pp. 16g ; 94g ; Viktorija Reuta : p. 60b ; Vitamind : p. 76h ; VooDoo13 : p. 53d ; whanwhan.ai : p. 52 - Droits réservés : pp. 5 ; 7g ; 8h ; 8b ; 9h ; 9b ; 10h ; 10b ; 11h ; 11m ; 11b ; 12 ; 13 ; 14 ; 15 ; 16hd ; 17 ; 19 ; 20 ; 21 ; 22b ; 23 ; 24 ; 25 ; 26 ; 27 ; 28 ; 29 ; 30 ; 31 ; 32 ; 33 ; 34 ; 35 ; 36 ; 37 ; 38 ; 39 ; 40 ; 41 ; 43h ; 44 ; 45 ; 46 ; 48 ; 49 ; 50 ; 51 ; 54 ; 56 ; 58h ; 59g ; 60h ; 61 ; 62b ; 64 ; 65 ; 66 ; 67 ; 68bd ; 68m ; 68hd ; 68 hg ; 69 ; 70h ; 71 ; 72h ; 74 ; 73m ; 73b ; 76m ; 76b ; 77m ; 77h ; 79m ; 79h ; 80 ; 81 ; 82 ; 83 ; 84b ; 85 ; 86 ; 87h ; 88h ; 88m ; 89bd ; 90hd ; 90bg ; 90bd ; 91 ; 92 ; 93 ; 95b ; 96h ; 97 ; 98b ; 99 ; 100 ; 101d ; 102 ; 103 ; 104 ; 105 ; 106 ; 107g ; 108 ; 109 ; 110 ; 111b ; 112 ; 113g ; 114 ; 116 ; 117 ; 119.

¡Bravo, has llegado al final del cuaderno! Ahora es el momento de analizar tus competencias y contabilizar los iconos para proceder a la evaluación final. Apunta el subtotal de cada capítulo en las casillas de aquí abajo para sumarlas y obtener el número final de iconos de cada color. Después, ¡descubre los resultados!

1. Alfabeto y pronunciación
2. Artículos y sustantivos
3. Pronombres (parte 1)
4. AAdjetivos
5. Comparativos y superlativos
6. Oraciones y estructuras
7. Pronombres (parte 2)
8. Números y horas
9. Presente
10. Infinitivo y pretétito perfecto
11. Futuro
12. Pretérito imperfecto y condicional
13. Preposiciones
14. Adverbios
15. Verbos
16. Conectores
17. Voz pasiva
18. Presente de subjuntivo
19. Pretérito perfecto simple
20. Juegos de repaso

Total de todos los capítulos

Has conseguido mayoría de...

Bravo ! Dominas las bases del francés, ¡sigue practicando!

Pas mal du tout ! Pero todavía puedes progresar... Vuelve a hacer los ejercicios que te han dado problema, pero antes ¡echa un ojo a las lecciones

Encore un petit effort ! Estás un poco oxidado... Repite todo el trabajo del cuaderno leyendo bien las lecciones antes de hacer los ejercicios.

Créditos: Ilustraciones / © MS
Diseño: MediaSarbacane
Maquetación: Violeta Cabal

Depósito legal: Marzo 2016
N.° de edición: 4324 - Marzo 2024
ISBN: 978-2-7005-0989-2
www.assimil.com
Impreso en Roumanie por Master Print